하루 한 컷
내 인생 위로하는
영화 대사 필사

| 일러두기 |

1. 국립국어원의 한글맞춤법과 외래어표기법을 원칙으로 삼았다.
2. 다만 영화 제목과 연도, 인명 등은 한국영상자료원의 KMDB 표기를 따랐다.

하루 한 컷
내 인생 위로하는
영화 대사 필사

육상효 지음

| 머리말 |

  많은 시나리오를 썼다. 영화로 만들어진 것은 10편이지만, 훨씬 더 많은 시나리오가 내 컴퓨터 하드디스크 속에서 지하 동굴에 버려진 시체처럼 잠자고 있다. 그들이 다시 햇빛을 보더라도 미라처럼 귀하게 대접받을 일은 없을 것이다. 이야기는 만들어지던 시간의 수액을 먹으며 완성되고, 그 시간이 지나 수액이 증발하면 오랜 가뭄 끝의 나무가 바스러지듯 이야기도 생명력을 잃고 바스러질 것이기 때문이다.
  시나리오는 대사만으로 이루어진 이야기 매체가 아니다. 영화는 시각적인 예술이라 시나리오도 대사보다는 인물의 행동이나 풍경 등의 시각적인 요소들로 이야기가 진행돼야 한다. 이런 생각 때문에 어떤 경우 대사는 경시되기도 한다. 그러나 영화로 만들어졌을 때 시나리오에서 유일하게 언어로 남는 것은 대사뿐이다. 시나리오 속 지문은 영화 화면으로 치환되어 사라진다. 대사는 시나리오에서는 문자이지만 영화에서는 구어, 즉 말이다. 문자는 말로서 다른 생명력을 얻는다. 문어와 구어 사이의 언어적 연결, 그 사이의 긴장이 대사의

모든 것이다. 말은 한번 공기 중에 퍼지면 사라지지만 대사는 배우의 음성으로 관객의 기억에 남는다. 대사는 배우의 음성으로 관객의 기억에 기록된 시다. 시는 시간의 풍화를 이기고 남는다. 우리가 많은 영화의 대사를 여전히 기억하는 이유다.

 작가로서 감독으로서 아름답고 좋은 대사를 쓰려고 노력했다. 어떤 때는 가장 현실적이고 아무렇지도 않은 대사들이 좋은 대사이기도 하지만, 어떤 때는 시의 구절처럼 정제되고 풍부한 의미를 가진 대사들이 좋은 대사이다. 대사는 그 상황의 현실을 반영하지만, 캐릭터를 드러내기도 하고, 주제를 드러내기도 한다. 이 중에 우리가 강하게 기억하는 대사들은 대개 영화의 주제를 함축하고 있는 대사들이다. 여기에 수록돼 있는 대사들도 대부분 그렇다. 빌리 와일더, 리차드 커티스, 찰리 카우프만 등 오랜 시간 좋아한 작가들의 대사를 찾아 넣었다. 그들의 대사는 작가로서의 나에게 영감을 주었지만, 관객으로서의 내 삶을 아름답게 만들었다. 이 필사집을 읽는 독자들의 삶에도 그렇게 작용하리라 믿는다. 내 아이들의 기억 속에도 아빠의 말처럼 오래 남기를 바란다. 손 글씨로 꼭꼭 눌러쓰면서 오래오래 기억하기를 바란다.

2025년 6월 25일
밤가시 공부방에서 육상효

| 차례 |

머리글 —— 04

I. 사랑하고 관계 맺다 —— 08

아파트 열쇠를 빌려드립니다 / 굿 윌 헌팅 / 그녀에게 / 노트북 / 비포 선라이즈 / 브로크백 마운틴 / 중경삼림 / 트로이 / 이터널 선샤인 / 제리 맥과이어 / 아바타 / 애니 홀 / 이보다 더 좋을 순 없다 / 인터스텔라 / 500일의 썸머 / 러브 액츄얼리 / 콜 미 바이 유어 네임

II. 인생은 선택의 연속 —— 44

어댑테이션 / 사이드웨이 / 콘클라베 / 죽은 시인의 사회 / 쇼생크 탈출 / 포레스트 검프 / 퍼펙트 데이즈 / 여인의 향기 / 프로스트 vs 닉슨 / 그곳에선 아무도 거짓말을 하지 않는다 / 토토의 천국 / 어디갔어, 버나뎃 / 위대한 개츠비 / 시민 케인 / 비기너스 / 월터의 상상은 현실이 된다 / 해리 포터와 비밀의 방 / 쿵푸 팬더 / 신과 함께 가라 / 미스터 노바디

III. 가족 안에서 성장한다 —— 86

허공에의 질주 / 라이온 킹 / 시애틀의 잠 못 이루는 밤 / 룸 넥스트 도어 / 더 웨일 / 어벤져스: 엔드게임 / 인사이드 아웃 / 시네마 천국 / 윈드 리버 / 사랑의 블랙홀 / 파인딩 포레스터 / 결혼 이야기 / 대부

IV. 시간이 흘러도 기억하는 것들 — 114

그녀 / 노팅 힐 / 메멘토 / 업 / 문라이트 / 선셋 대로 / 어바웃 타임 / 인턴 / 코코 / 센과 치히로의 행방불명 / 하나 그리고 둘

V. 열정을 가지고 도전하다 — 140

빌리 엘리어트 / 플로리다 프로젝트 / 비긴 어게인 / 라라랜드 / 해리 포터와 아즈카반의 죄수 / 헝거게임: 모킹제이 / 위플래쉬 / 킹스 스피치 / 아라비아의 로렌스 / 히든 피겨스 / 머니볼 / 작은 아씨들 / 스파이 게임

VI. 인간이란 무엇인가 — 168

블레이드 러너 / 뻐꾸기 둥지 위로 날아간 새 / 에브리씽 에브리웨어 올 앳 원스 / 괴물 / 나, 다니엘 블레이크 / 그린 북 / 어퓨 굿 맨 / 풀 몬티 / 스티브 잡스 / 뜨거운 것이 좋아 / 컴플리트 언노운 / 패터슨 / 라이언 일병 구하기 / 티벳에서의 7년 / 언터처블: 1%의 우정 / 바튼 아카데미

I. 사랑하고 관계 맺다

> 난 800만 명의 사람들이 사는 도시 속 무인도에 표류한 로빈슨 크루소처럼 살았어요. 어느 날 해변의 모래밭에 찍힌 사람의 발자국을 발견했죠. 그걸 따라갔더니 당신이 서 있었어요.
>
> _아파트 열쇠를 빌려드립니다(Apartment)

사랑하지 않으면 사람은 외로운 무인도에 갇힌 것과 같다. 수백만 명이 사는 도시도 외로운 사람에게는 무인도가 된다. 그러다 어느 날, 아무도 없었던 해변에 찍힌 발자국처럼 사랑은 다가온다. 사랑이 외로운 사람에게 어떻게 구원이 되는지 잘 보여주는 대사이다. 영화 속 주인공 버드는 800만 명의 거대 도시 뉴욕에서 보험회사 직원으로 외롭게 산다. 도시 속 하나의 기호처럼 살던 버드에게 한 여인이 다가왔다. 우리 모두의 외로운 무인도에도 어느 날 또 다른 누가 표류해올 것이다.

#위로 #사랑

●
1960년 | 감독 빌리 와일더 | 각본 빌리 와일더, I.A.L. 다이아몬드 | 주연 잭 레먼, 셜리 맥클레인

> 넌 완벽하지 않아, 친구.
> 네가 만나는 그 여자도 완벽하지 않아.
> 근데 진짜 중요한 건 너희가 서로에게 완벽하냐는 거야.
>
> _굿 윌 헌팅(Good Will Hunting)

자신에게 완벽한 사람이 진짜 완벽한 사람이다. 그냥 완벽한 사람을 찾는 일은 멀찌감치 떨어져서 계산하고 평가하는 것이지만, 자신에게 완벽한 사람은 일단 먼저 그 사람을 사랑해 보아야만 알 수 있다. 따지지 말고 먼저 다가가라. 천재적인 재능을 가졌으나 어린 시절 학대당한 기억에서 벗어나지 못하고 청춘의 시간을 낭비하고 있는 윌에게 심리치료사 숀이 하는 말이다.
#연인 #사랑

- 1997년 | 감독 구스 반 산트 | 각본 맷 데이먼, 벤 애플렉 | 주연 맷 데이먼, 로빈 윌리엄스

> 맞아. 감동적인 걸 볼 때마다 울었어.
> 그녀와 같이 볼 수 없어서.
>
> _그녀에게(Hable Con Ella)

사랑은 아름다운 걸 같이 나누는 것이다. 사랑을 잃은 사람에게 아름다운 풍경, 맛있는 음식, 황홀한 모든 순간이 다 고통일 뿐이다. 혼수 상태에 빠진 여성 투우사 리디아를 사랑하는 마르코는 직업도 여행 작가여서 아름다운 풍경을 볼 때마다 고통스럽다. 그 고통을 치유하러 그는 헌신적으로 리디아를 돌본다. 움직일 수 없는 그녀를 씻기고, 옷을 갈아입히고, 아무 말도 할 수 없는 그녀와 대화하면서 위안을 얻는다. 사랑은 보답이 아니라 같이 나누는 것이기 때문이다. 혹시 아름다운 풍경을 보면서 슬픔을 느꼈다면 당신은 누군가가 그리운 것이다.

#사랑 #그리움

●
2003년 | 감독, 각본 페드로 알모도바르 | 주연 로자리오 플로레스, 하비에 카마라

> 저기 내 사랑이 있다. 그녀가 어디에 있든, 거기가 내 집이다. 너희 엄마가 내 집이야.
>
> _노트북(The Notebook)

사람이 집이다. 집은 장소가 아니다. 사랑하는 사람이 있는 곳이 집이다. 치매에 걸린 앨리가 자신을 알아보지 못해도, 그녀가 있는 곳이 남편 노아의 집이다. 그녀의 마음이 그가 머무는 집이다. 거기서 그는 편안함과 어떤 것으로도 대체될 수 없는 소속감을 느낀다. 처음 봤을 때부터 한 번도 변하지 않은 사랑과 신뢰, 서로를 향한 헌신이 거기에 있다. 누군가를 진정으로 사랑한다는 것은 세상에서 가장 아름다운 집을 짓는 것이다. 어떤 호화로운 집도 이 집에 견줄 수는 없다.

#사랑 #헌신 #신뢰

●
2004년 | 감독 닉 카사베츠 | 각본 제레미 레벤 | 주연 라이언 고슬링, 레이첼 맥아담스

> 만약 어떤 종류의 신이 존재한다면, 그건 우리 각자 안에 있는 것이 아니라, 너와 나 사이의 이 작은 공간 속에 있을 거야. 이 세상에 어떤 종류의 마법이 존재한다면, 그건 누군가를 이해하려 하고, 무언가를 나누려는 시도 속에 있을 거야. 물론, 그게 성공하는 건 거의 불가능하다는 거 알아. 하지만 누가 신경 써? 정답은 바로 그 '시도' 속에 있는 거니까.
>
> _비포 선라이즈(Before Sunrise)

사람 각자는 누군가와 연결되려고 놓여 있는 섬이다. 섬은 외롭지만 누가 손을 내밀면 언제든 잡을 수 있도록 준비돼 있다. 그들 사이에는 막막한 바다만 있는 게 아니고, 다리와 배도 있다. 세상의 진짜 마법은 사람과 사람 사이에서 같이 공유하는 공간에 있다. 물론 다른 사람을 완전히 이해한다는 건 불가능하다. 하지만 불가능하다고 멈추면 그 사이의 공간은 사라지고 세상은 빛을 잃는다. 타인을 구원하려고 손을 내미는 게 아니라 내가 구원받으려 손을 내미는 것이다. 누군가와 연결하려고 시도하는 것이 우리가 살아서 하는 행동의 모든 것이다. 삶에서 가치 있는 유일한 행동은 타인에게 손을 내미는 것이다.

#연결 #외로움 #타인

- 1995년 | 감독 리차드 링클레이터 | 각본 리차드 링클레이터, 킴 크라이잔 | 주연 에단 호크, 줄리 델피

> 널 포기하는 법을 알면 좋겠어.
>
> _브로크백 마운틴(Brokeback Mountain)

사랑한다는 말보다 몇십 배 강한 말이다. 아프다는 말보다 몇백 배 더 고통스러운 말이다. 사랑하지 않으면 포기하려고 하지도 않는다. 포기하는 법을 이미 알면 그것을 알려고 희망하지 않는다. 사랑과 죄책감, 갈망과 두려움이 이처럼 간명하게 표현된 말이 있을까? 응답하지 않는 상대에게 잭은 화나고, 절망하고, 상처받는다. 간신히 이 말을 하고는 울음을 터뜨린다. 상대는 어떻게 대답해야 할지 모른다. 두 사람 다 서로를 떠나서 다른 삶을 꿈꾸지만 사랑은 그들을 결박하고 놔주지 않는다. 사랑은 절대 의지만으로 통제되지 않는다. 미국 서부 산맥의 아름다운 풍경들은 이 대사 때문에 더 슬프게 채색된다.

#사랑 #포기

●

2005년 | 감독 이안 | 각본 래리 맥머티, 다이아나 오사나 | 주연 히스 레저, 제이크 갈렌할

> 우리가 헤어진 날은 만우절이었어요. 그날부터 매일 난 유통기한이 5월 1일인 파인애플 통조림을 사요. 메이는 파인애플을 좋아했죠. 그리고 5월 1일은 내 생일이죠. 내가 통조림 30개를 다 모을 때까지 그녀가 돌아오지 않는다면, 우리 사랑의 유통기한도 끝나게 되겠죠.
>
> _중경삼림(重慶森林)

사랑의 상실은 폐기되는 통조림보다는 아프다. 통조림에도 유통기한이 있으니 당연히 사랑에도 유통기한은 있다. 대사 속에 실연의 고통을 견디려는 청년의 모습이 있다. 격렬하게 고통스럽진 않지만 아릿하고, 심지어 아름답다. 왕가위 감독은 도시적 일상의 사물들을 메타포로 만들어 우리의 삶 속에서 지속되는 상실을 표현한다. 시간이 흐르면 모든 것은 사라진다. 누구에게나 상실은 보편적이고, 분명하다. 유통기한이 있는 통조림처럼. 어쩌면 냉장고에 쌓이는 통조림 개수처럼 사랑의 아픔도 물리적으로 환산될 수 있는지 모른다. 왕가위의 마법이다.

#실연 #상실 #아픔

●

1994년 | 감독, 각본 **왕가위** | 주연 **금성무, 양조위**

> 나는 평생 하나의 규칙을 따라 살았다. 그 규칙은 간단하다. 신을 섬기고, 네 여자를 사랑하고, 조국을 지켜라. 트로이는 우리 모두의 어머니다. 그녀를 위해 싸우자!

_트로이(Troy)

헥토르가 말에 올라타서 군사들에게 이 말을 외칠 때, 나도 그중 한 명인 것처럼 가슴이 뜨거워졌다. 그가 가려는 곳에는 아킬레우스가 이끄는 5만 명의 그리스 연합군이 다가오고 있다. 헥토르의 말을 들은 병사들은 포효하면서 적군을 향해 달려간다. 명예는 무엇인가? 신에 대한 믿음으로 현재의 삶을 초월하고, 가족을 향한 사랑으로 다시 그 현재의 삶을 긍정하며, 개인을 넘어 조국과 공동체에 헌신하는 것 아닌가? 기원전 1200년을 살던 남성의 외침이 장엄함을 넘어서 극치의 로맨티시즘과 낭만적 애국주의를 보여준다. 우리의 삶도 간단하다. 옆에 있는 사람을 사랑하고, 타인을 돕고, 영원한 것을 믿는 것이다.

#낭만 #명예 #사랑

2004년 | 감독 볼프강 페터센 | 각본 데이비드 베런바움 | 주연 브래드 피트, 에릭 바나

> 사랑은 다른 사람이 필요한 걸 당신 것보다 앞에 놓는 거예요.

_겨울왕국(Frozen)

세상 모든 어머니는 당신 자신보다 자식을 먼저 생각한다. 전형적인 장난꾸러기 캐릭터인 올라프가 한 이 말은 사랑의 깊은 속성을 드러낸다. 영화 속에서 올라프는 눈으로 만들어진 자신의 몸이 녹아내리는 걸 무릅쓰고 몸이 차가워져 죽어가는 안나를 위해서 불을 지핀다. 안나가 왜 그렇게 하냐고 묻자, 위와 같이 대답한다. 가장 시각적인 사랑의 모습이다. 당신의 밥을 덜어서 자식의 그릇에 담아주던 어머니도, 추워지면 재킷을 벗어 연인의 어깨 위에 얹어주는 사람도, 자신의 어깨가 젖어도 연인의 머리 위로 계속 우산을 씌워주는 사람도 다 이런 사랑이다. 나보다 사랑하는 사람이 더 걱정된다면 당신은 지금 진정한 사랑을 하고 있다.

#사랑 #가족 #희생

●
2013년 | 감독 크리스 벅, 제니퍼 리 | 각본 쉐인 모리스, 제니퍼 리 | 주연 이디나 멘젤, 크리스틴 벨

> 처음 내게 '안녕'했을 때 당신에게 빠졌어요.
>
> _제리 맥과이어(Jerry Maguire)

이보다 더 간결하고 진정한 사랑 고백은 없다. 가장 순수하고 무조건적인 사랑이다. 더 이상 아무런 설명도 필요 없다. 안녕이라고 말할 때의 그 선량한 눈빛, 수줍은 미소, 어색한 손짓에서 느끼는 사랑이다. '첫눈에 반했다'라는 말보다 훨씬 다정하고 강한 말이다. 표현이 다르면 감정도 달라진다.

#사랑 #감정

1996년 | 감독, 각본 카메론 크로우 | 주연 **톰 크루즈, 르네 젤위거**

> 당신을 봅니다.
>
> _아바타(Avatar)

누군가를 응시한다는 것은 그 사람의 모든 걸 있는 그대로 받아들인다는 말이다. 얼굴만이 아니라 그 사람의 영혼을 응시하고, 이해하고, 완전하게 받아들인다는 말이다. 또한 한 사람이 다른 사람에게 완전하게 연결돼 있다는 말이기도 하다. 사랑한다는 말보다 훨씬 깊다. 사랑이 두 사람만의 일이라면 '본다'는 것은 두 사람의 주위를 둘러싼 자연 그리고 다른 사람과의 관계까지도 함께 연결된다는 말이다. 지구인 제이크와 나비족 네이티리가 서로에게 이 말을 할 때 주위의 나무와 풀들이 춤추듯 흔들리며 이들을 에워싸고, 두 사람은 서로를 안는다. 이 행성에서 '본다'라는 평범한 단어는 가장 아름답고 깊이 있는 말이 된다.

#이해 #연결 #사랑

●

2009년 | 감독, 각본 제임스 카메론 | 주연 샘 워싱톤, 조 샐다나

> 남녀관계는 상어와 같아. 앞으로 계속 나아가지 않으면 죽어버려. 근데 지금 우리 손에 든 건 죽은 상어 같아.
>
> _애니 홀(Annie Hall)

유머는 상처를 견디게 한다. 상처를 보듬고 지혜를 던져준다. 남녀관계를 상어로 비유한 것도 유머지만, 연인과 멀어진 지금의 관계를 죽은 상어로 비유한 것은 냉정하고 현실적인 유머다. 결별의 아픔과 피로, 슬픔과 고통마저 유머로 바꾸어서 삶을 견디게 하는 것이 우디 알렌 영화의 매력이다. 죽은 상어는 다시 살릴 수 없는데도, 상처뿐일지라도 사랑에 매달리는 영화의 마지막은 그 죽은 상어를 다시 물에 띄워서 살아나게 하려고 노력하는 것처럼 보인다. 불가능한 것을 해보려는, 헛된 노력이 결국 인생이다.

#유머 #사랑 #인생

●

1977년 | 감독 우디 알렌 | 각본 우디 알렌, 마샬 브리크먼 | 주연 우디 알렌, 다이앤 키튼

> 당신은 내가 더 좋은 사람이 되고 싶게 해요.
>
> _이보다 더 좋을 순 없다(As Good As It Gets)

누군가를 사랑하게 되면 세상이 온통 긍정적으로 바뀐다. 그 긍정적인 세상에서는 자신도 좋은 사람으로서 속하고 싶다. 사랑하는 좋은 사람에게 자신도 좋은 사람으로서 다가가고 싶다. 진정한 사랑과 정서적 연대는 사람을 변화시키고, 성장시킨다. 영화 속에서 오만하고 강박장애가 있는 중년의 소설가는 좋아하는 여자에게도 공격적인 말로 일관하다가, 제발 한마디라도 칭찬을 해보라는 여자의 재촉에 이렇게 답한다. 이보다 더 나은 칭찬이 있을까? 이보다 더 공감 가는 사랑 고백이 있을까?

#사랑 #긍정 #성장

●
1997년 | 감독 제임스 L. 브룩스 | 각본 제임스 L. 브룩스, 마크 앤드러스 | 주연 잭 니콜슨, 헬렌 헌트

> 사랑은 시공간의 차원을 넘어선다고 감지되는,
> 유일한 것이다.
>
> _인터스텔라(Interstellar)

사랑은 감정만이 아니다. 중력이나 시간처럼 우주에 작용하는 물리적인 실체다. 시간과 공간으로 이루어진 우리의 3차원에 또 하나의 차원을 더한다. 사랑은 수십 광년의 거리도 연결하고, 수만 년의 시간도 건너뛴다. 사랑은 뇌의 호르몬 분비가 만들어내는 감정의 환상이 아니고, 이 우주에 존재하는 실체다. 사랑하지 않으면 이 우주 속에 하나의 실체로 존재하지 못한다.

#사랑 #시간 #공간

●
2014년 | 감독 크리스토퍼 놀란 | 각본 크리스토퍼 놀란, 조나단 놀란 | 주연 매슈 매코너헤이, 앤 해서웨이

> 사람들이 잘 모르는데, 외로움은 좀 저평가돼 있어.
>
> _500일의 썸머((500)Days of Summer)

세상에서 가치 있는 모든 일은 외로울 때 하는 일이다. 공부, 독서, 글쓰기, 서류 정리 등 모든 일은 혼자 하는 일이다. 외로운 시간은 자신의 내면을 들여다보면서 성장하는 시간이다. 하고 싶은 걸 혼자 결정할 수 있는, 자유로운 시간이고, 무언가에 몰두할 수 있는 생산적 시간이다. 관계가 주는 모든 복잡함, 감정적 소모, 상처 등에서도 벗어난 평화로운 시간이다. 영화 속 주인공은 고통스러운 실연 이후에 비로소 이런 깨달음에 도달하지만, 실연이 없더라도 외로움은 가치 있는 시간이다. 외로움이 있어야 사랑도 가능하다.

#외로움 #성장 #사랑

●
2009년 | 감독 마크 웹 | 각본 마이클 H. 웨버, 스콧 뉴스타드터 | 주연 조셉 고든-래빗, 주이 데샤넬

> 내 생각엔 사랑은 모든 곳에 있습니다. 그것은 크게 존경받을 만한 일도, 뉴스에 나올 만한 일도 아니지만, 언제나 거기에 있습니다. (……) 내가 아는 한, 9·11 테러 당시, 비행기 안에서 남긴 마지막 전화 메시지들 속엔 증오나 복수의 말은 없었습니다. 모두 사랑의 메시지였어요. 잘 찾아본다면, 사랑은 사실 우리 주변에 가득 차 있다는 걸 누구나 깨달을 겁니다.
>
> _러브 액츄얼리(Love Actually)

때때로 세상은 차갑고 잔인하게 보여도, 사랑은 언제나 우리 옆에 가득 차 있다. 증오나 미움은 쉽게 드러나지만, 사랑은 그렇지 않다. 하지만 안 보인다고 사랑이 없는 건 아니다. 사랑은 지금도 당신 옆에 있다.

#사랑 #주변

•
2003년 | 감독, 각본 리차드 커티스 | 주연 휴 그랜트, 리암 니슨, 콜린 퍼스

> 너의 이름으로 나를 부르고, 나의 이름으로 너를 부를게.
>
> _콜 미 바이 유어 네임(Call me by Your Name)

사랑은 최종 단계는 서로의 존재가 소멸하는 것이다. 자신의 정체성을 구성하는 경계가 사라지면서 두 사람은 완전한 합일을 이룬다. 서로가 서로를 누구의 이름으로 불러도 상관없을 만큼. 사랑은 상대를 사랑하는 것이지만, 이 정도의 사랑은 스스로를 사랑하는 것과 같다. 모든 삶과 정서가 공유되는, 사랑의 최종 심급이다. 그러기에 짧은 여름 이후 두 사람이 헤어졌을 때, 이 사랑은 자신의 한 부분이 영원히 사라진 것 같은 상처로 남는다.

#이름 #사랑 #정체성

2017년 | 감독 루카 구아다니노 | 각본 제임스 아이보리 | 주연 티모시 샬라메

II. 인생은 선택의 연속

> 너의 본질은 무엇이 널 좋아하느냐가 아니고, 네가 무엇을 좋아하느냐로 결정되는 거야.
>
> _어댑테이션(Adaptation)

우리는 타인의 시선이 아니라 자신의 의지로 살아야 한다. 타인의 호감을 얻기 위해 너무 애쓸 필요는 없다. 나의 삶은 내가 원하는 것들로 결정된다. 타인이 날 어떻게 평가하는지는 내 삶과 관계가 없다. 사랑을 하면서도 상대가 나를 사랑하는지는 중요하지 않다. 나는 내가 좋아하는 마음만으로도 행복하다.
#인생 #사랑 #행복

- 2002년 | 감독 스파이크 존즈 | 각본 찰리 카우프만, 도날드 카프먼 | 주연 니콜라스 케이지, 메릴 스트립

> 당신이 쉬발 블랑 61년 와인을 따는 그날이
> 바로 특별한 날이에요.
>
> _사이드웨이(Sideways)

당신의 특별한 날은 당신 스스로 만드는 것이다. 소심한 중년 남자 마일스는 이 귀한 와인을 언젠가 특별한 날에 마시려고 10년 넘게 보관해 왔다. 그 얘기를 들은 여인 마야가 하는 말이 위의 대사다. 스스로 노력하지 않으면 아무도 당신의 특별한 날은 만들어주지 않는다. 스스로 먼저 다가가지 않으면 아무도 당신을 사랑하지 않듯이 말이다. 영화의 뒷부분에서 마일스는 여전히 사랑하는 전 부인이 재혼을 하고, 아이까지 가졌다는 소식을 듣고 패스트푸드점의 플라스틱 컵에 이 와인을 따라서 햄버거와 함께 마셔버린다. 사랑이 완전히 상실된 걸 알았을 때, 그에게는 특별한 날에 대한 어떠한 기대도 남지 않았다. 기다리기만 하면 특별한 날은 영원히 오지 않는다.

#특별한날 #기대 #노력

2004년 | 감독 알렉산더 페인 | 각본 알렉산더 페인, 짐 테일러 | 주연 폴 지아마티

> 우리의 믿음은 살아 있는 것입니다. 믿음은 의심과 함께 나란히 가기 때문입니다. 만약에 의심이 없이 오직 확신만 있다면, 불안하고 신비한 것도 없는 세상에서 믿음은 필요가 없을 것입니다.
>
> _콘클라베(Conclave)

확신만 있는 사람은 위험하다. 새로운 교황은 완전무결한 사람이 아니라, 잘못이 있고, 그것에 대하여 용서를 구하려는 사람이어야 한다. 그래야 신자들의 뉘우침과 기도를 이끌 수 있기 때문이다. 다른 어느 분야에서도 마찬가지다. 확신만 있는 리더가 가장 위험하다. 믿음은 끊임없이 도전받고, 극복될 때 비로소 진정한 믿음이 된다. 그래서 믿음은 살아 있다고 말할 수 있다.

#용서 #믿음

2024년 | 감독 에드워드 베르거 | 각본 피터 스트라우간 | 주연 랄프 파인즈

> 의학, 법학, 경영학, 공학… 다 좋은 꿈이고, 우리 삶을 지키는 데 필요한 것들이지. 하지만 시, 아름다움, 낭만과 사랑, 이것들이 바로 우리가 살아 있는 이유야.
>
> _ 죽은 시인의 사회(DEAD POETS SOCIETY)

실용적인 것도 좋지만, 예술과 사랑만이 인생에 진정한 의미와 목적을 준다. 편리하게 사는 데 필요한 것들을 공부할 수도 있지만, 삶의 진정한 의미를 찾는 공부를 할 수도 있다. 이 영화 속 키팅 선생은 부모들이 기대하는 대로 꿈꾸지 말고, 자신의 열정이 이끌어주는 대로 나아가라고 한다. 그래서 단순히 생존을 넘어 삶의 의미를 찾으라고 한다. 오늘 당장! Carpe Diem*! Seize the day! 오늘을 즐겨라!

#인생 #예술 #공부

●
1989년 | 감독 피터 위어 | 각본 탐 쉴먼 | 주연 로빈 윌리엄스, 에단 호크

---

* '오늘을 즐겨라'라는 라틴어 문구로, 영어로는 'Seize the day'로 번역한다.

> 결국 아주 간단한 선택이지.
> 살려고 바쁠 것인지, 죽으려고 바쁠 것인지.
>
> _쇼생크 탈출(The Shawshank Redemption)

험하고 적대적인 상황 속에 있을 때, 인간이 할 수 있는 일은 둘 중 하나다. 그 모든 것들과 최선을 다해 싸우거나, 아니면 항복하고 얌전히 죽는 것이다. 영화 속 앤디는 누명을 쓰고 교도소에 갇힌 신세가 되지만 절망적인 상황에 굴복하지 않고 끈질기게 싸워나가고, 마침내 교도소를 벗어난다. 환경이 당신을 지배하도록 하지 말라. 타협하지 않은 의지는 곧 자유다.

#선택 #자유

1994년 | 감독, 각본 프랭크 다라본트 | 주연 팀 로빈스, 모건 프리먼

> 인생은 초콜릿 상자와 같다. 어떤 걸 집을지 아무도 몰라.
>
> _포레스트 검프(Forrest Gump)

아무도 인생을 예상할 수는 없다. 확신할 수도 없다. 아무리 정교하게 계획을 세우고, 준비해도 무슨 일이 생길지는 아무도 알 수가 없다. 초콜릿 속에는 아몬드나 땅콩처럼 예상한 것들이 있을 수도 있고, 달콤한 꿀 같은 행운이 들어 있을 수도 있다. 혹은 위스키처럼 기대하지 않은 놀라움이 있을 수도 있다. 인생은 그래서 살아볼 만한 것이다. 우리가 할 일은 최선을 다해서 초콜릿을 집고 그것을 즐기는 것뿐이다. 무엇이 나올까 두려워서 초콜릿 집는 것을 주저하진 말아야 한다. 선택하지 않으면 아무것도 경험할 수 없다. 도전하고 경험하는 것, 그것이 인생의 전부다.

#인생 #선택 #도전

1994년 | 감독 **로버트 저메키스** | 각본 **에릭 로스** | 주연 **톰 행크스**

> 다음은 다음, 지금은 지금.
>
> _퍼펙트 데이즈(Perfect Days)

과거도 미래도 생각하지 말자. 지금 이 순간만을 생각하자. 어떤 바람이 부는지, 나뭇잎 사이로 비치는 햇살의 조각들은 어떤 모습인지, 오늘 공기에 섞인 이 상쾌한 냄새는 무엇인지. 오감을 펼쳐서 이 순간의 모든 걸 받아들이면 우리가 지금 살고 있다는 걸 느낀다. 과거에 대한 후회나 미래에 대한 걱정으로 이 순간의 느낌을 망치지 말자. 살아 있다는 건 아름다운 것이다. 매일 매일이 같지만, 또 모든 순간이 경이롭다. 어제의 빛이 오늘의 빛과도 다르고, 똑같은 칵테일이라도 어제 마신 것과 오늘 마신 것이 다르다. 영화 속 나오는 루 리드의 노래 가사처럼 오늘은 언제나 또 하나의 완벽한 날이다.

#현재 #순간

2023년 | 감독 빔 벤더스 | 각본 빔 벤더스, 타카사키 다쿠마 | 주연 야쿠쇼 코지

> 탱고에는 실수가 없어. 실수를 하고 발이 엉키면, 바로 그때 탱고가 시작되는 거야.
>
> _여인의 향기(SCENT OF A WOMAN)

막막하고 아무것도 보이지 않을 때 바로 그 일이 시작된다. 탱고는 인생과는 다르다지만, 바로 그래서 인생은 탱고에게 배워야 한다. 중단하지 않고 계속하는 한 실수란 없다. 무언가에서 실수를 하고 있다면 이미 그 일을 하고 있는 것이다. 발이 엉키는 걸 두려워하면 탱고를 출 수가 없고, 실수를 두려워하면 자신의 삶을 살 수가 없다.

#인생 #실수 #두려움

1992년 | 감독 마틴 브레스트 | 각본 보 골드만 | 주연 알 파치노

> 내가 말하는 건,
> 대통령이 하면, 어떤 것이든 불법이 아니란 거요.
>
> _프로스트 vs 닉슨(Frost/Nixon)

대통령은 법 위의 존재가 아니다. 대통령은 법의 일부일 뿐이다. 대통령은 법을 규정하는 자리가 아니라 법을 따르는 자리다. 대통령이 법을 따르지 않으면 독재로 간다. 누구도 법 위에 있을 수 없고, 어떤 정치권력도 법을 능가할 수는 없다. 워터게이트 사건으로 대통령 자리에서 물러난 닉슨이 영국 언론인과 실제로 주고받은 인터뷰를 소재로 한 이 영화 속에서 닉슨은 끊임없이 자신의 불법적 행동을 변호하려 하고, 마침내 위와 같은 말까지 한다. 하지만 사회자가 국민에게는 어떤 감정을 느끼냐고 물었을 때, "국민을 실망시켰고, 나의 조국을 실망시켰고, 우리의 정부 시스템을 실망시켰다"라고 고백한다. 이런 고백 후 그의 불안하고 실망한 얼굴을 잡은 쇼트는 영화 역사상 가장 함축적인 의미를 담은 클로즈업이 되었다.

#정치 #법 #실망

2008년 | 감독 론 하워드 | 각본 피터 모건 | 주연 프랭크 란젤라

> 당신을 기분 좋게 했다면 그건 거짓말이 아니에요.
>
> _그곳에선 아무도 거짓말을 하지 않는다(The Invention of Lying)

정직함은 언제나 최선일까? 여기 다른 예가 있다. '좋은 거짓말은 거짓말이 아니다'라고 주장한다. 거짓말로 죽어가는 사람의 마음을 위로하고, 노숙자에게 용기를 주며, 잘못된 사랑의 관념도 바꿔준다면 그건 더 이상 거짓말이 아니다. 상처나 절망을 주더라도 오직 엄격한 진실만이 필요한 것일까? 아니면 거짓이라도 위안과 평화를 주는 게 좋은 걸까? '오늘 멋지네요', '당신은 훌륭한 사람입니다', '넌 지금 잘하고 있는 거야', '찬란한 미래가 널 기다리고 있어', '너의 불운은 이제 바닥을 쳤다' 등 우리가 매일 하는 좋은 의도의 말들이 거짓말로 치부될 수는 없다. 이 영화는 그런 거짓말은 거짓말이 아니라고 말한다.

#거짓말 #진실

- 2009년 | 감독, 각본 릭키 제바이스, 매튜 로빈슨 | 주연 리키 제바이스, 제니퍼 가너

> 항상 널 부러워했어. 네 삶은 내 삶보다 훨씬 단순해 보였거든. 넌 언제나 네가 원하는 걸 다 하는 것처럼 느껴졌어.
>
> _토토의 천국(TOTO LE HEROS)

인생은 공평하다. 화려한 재벌 회장의 인생을 사는 친구를 늘 부러워했지만, 정작 그 친구는 평범하고 자유로운 토마스가 부러웠다고 고백한다. 친구는 부모의 기대와 책임감에 포획되어 한 번도 자신이 원하는 대로 살지 못했다. 사랑마저도 번번이 그의 운명을 비켜갔다. 토마스는 친구의 고백을 듣고, 자신이 평생 부러워했던 친구의 삶도 힘겨웠음을 깨닫는다. 그리고 초라하게만 느껴졌던 자신의 삶도 누구가에겐 부러움의 대상일 수도 있다는 걸 깨닫는다. 삶은 비교할 수 없다. 삶은 우열도 없다. 진심으로 원하는 대로 사는 것만이 가치 있게 사는 길이다. 모든 삶은 다 가치가 있다.

#인생 #부러움 #평범

●

1991년 | 감독, 각본 **자코 반 도마엘** | 주연 **미셸 부케, 조 데 바커**

> 절대 지루하다고 말하지 마. 그럴수록 인생은 점점 더 지루해질 뿐이야. 네 인생을 재미있게 만드는 건 너 자신뿐이라는 걸 빨리 깨달을수록 넌 더 잘 살 수 있어.
>
> _어디갔어, 버나뎃(Where'd You Go, Bernadette)

아무도 나의 시간을 재미있게 만들어주지 않는다. 재밌게 해줄 사람이나 사건을 무작정 기다리지 마라. 스스로 재밌기 위해 노력하지 않으면 절대 재밌어지지 않는다. 인생이 저절로 재밌어지는 것도, 남들이 어느 날 나타나서 너의 인생을 재밌게 만들어줄 것도 기대하지 말아야 한다. 삶의 재미가 성취, 보람, 연대, 사랑이라면 재미는 결국 태도다. 열려 있고, 긍정적이고, 적극적인 태도만이 삶을 재밌게 한다. 그리고 재미 중 최고는 단연 남을 돕는 재미다.

#인생 #재미 #태도

•
2019년 | 감독 리차드 링클레이터 | 각본 리차드 링클레이터, 홀리 겐트 | 주연 케이트 블란쳇, 빌리 크루덥

> 그래서 우리는 앞으로 나아간다. 흐름을 거슬러 오르는 배처럼, 끊임없이 과거로 떠밀리면서.
>
> _위대한 개츠비(The Great Gatsby)

우리는 앞으로 나아가려고 끊임없이 노력하고, 실제로도 앞으로 나아간다고 믿는다. 하지만 우리는 언제나 제자리거나 오히려 후퇴한다. 우리는 과거와 분연히 결별했지만, 실상은 기억과 후회, 향수와 상실감으로 영원히 결별할 수는 없다. 꿈이라는 것도 부단한 노력으로 쟁취하는 것이지만, 마침내 손에 쥐었을 때는 잃어버린 과거일 뿐이다. 우리는 잃어버린 시간들을 되돌리려 싸웠지만 그것은 언제나 불가능할 뿐이었다. 누구도 완전히 과거와 결별해 새로운 인생을 만들 수는 없다. 시대가 그렇고 문명도 그렇다. 우리의 발전은 과거가 현재에 투영한 환영일 뿐이다.

#과거 #인생

•
2013년 | 감독 바즈 루어만 | 각본 바즈 루어만, 크레이그 피어스 | 주연 레오나르도 디카프리오, 캐리 멀리건 | 원작 F. 스콧 피츠제럴드

> 내가 무얼 할지 결정할 유일한 사람이 이 세상에 있다면,
> 그건 나야.
>
> _시민 케인(Citizen Kane)

세상에서 가장 힘이 센 사람은 외로운 사람이다. 그의 오만은 모든 사람과의 연결을 잃어버린 결과다. 그의 힘은 그의 슬픔이고, 그의 권력은 그의 비극이다. 그래서 그의 마지막 말은 장미꽃눈이라는 어릴 적 썰매 이름이었다. 그때는 엄마가 있었고, 친구가 있었고, 그의 작은 세상에서 모든 사람과 연결돼 있었다. 과거가 아름다운 것은 따뜻한 사람들과 함께였기 때문이다. 부유함과 권력과 영향력까지 갖춘 지금이 슬픈 것은 아무도 그와 함께하지 않기 때문이다. 강한 독립심과 높은 자존심은 스스로를 고립시키는 거대한 벽이다. 그의 완전한 권력은 그의 감옥이다.

#외로움 #고립

●
1941년 | 감독 오슨 웰스 | 각본 오슨 웰스, 헤르만 J. 맹키위츠 | 주연 오슨 웰스

> 여기.
> 여기엔 단순함과 행복이 있어.
> 내가 네게 주려던 것들이야.
>
> _비기너스(BEGINNERS)

오랜 고통 속에 다시 시작하는 사람들에게 가장 중요한 건 무엇일까? 더 이상 우울함도 고통도, 상처도, 조심스러움도 없이 다가가는 것. 바로 단순함과 행복이다. 행복은 복잡한 데서 오지 않는다. 눈앞의 사람을 바라보고 그의 선의를 믿으면 된다. 그리고 그가 주는 것을 그냥 받으면 된다. 과거로부터 고통을 받아오지 말고, 미래에게서 두려움을 미리 가불할 필요도 없다. 지금 이 순간의 편안한 행복을 즐기면 된다. 극복할 것도 없고, 준비할 것도 없다. 그것이 가장 순수하고 진정한 사랑이다. 오래전 삶을 시작할 때의 단순한 행복감을 되찾는 것을 우리는 새로운 시작이라고 한다.

#고통 #행복 #시작

2010년 | 감독, 각본 마이크 밀즈 | 주연 이완 맥그리거

> 세상을 향해 다가오는 위험한 것들을 마주 보는 것, 장막 뒤를 보는 것, 가까이 다가가는 것, 서로를 발견하고 느끼는 것. 이것이 삶의 목적이야.
>
> _월터의 상상은 현실이 된다(The Secret Life of Walter Mitty)

삶은 지위나 소유가 아니다. 삶은 경험이고, 생생히 살아 있다는 걸 매일매일 확인하는 것이다. 자유는 용기에서 시작된다. 모험을 피하지 않고, 피하던 벽 뒤에 가려진 진정한 의미를 찾아내고, 사람들과 마음을 나누면서, 옆에 있는 사람조차 새로운 눈으로 바라보려는 것이 진짜 삶이다. 안전한 소파에서 생각만 하고 누워 있는 것이 아니라 밖에 나가서 거리의 공기를 느끼고, 이국의 풍경을 동경하고, 자기 삶 속에 숨겨져 있던 것들을 찾아 나서야 한다. 삶은 머리도 몸도 구분되지 않는, 온 존재로 경험하는 것이다.

#인생 #용기 #경험

2013년 | 감독 벤 스틸러 | 각본 스티브 콘래드 | 주연 벤 스틸러

> 우리가 진정 어떤 사람인지를 보여주는 것은 우리의 능력이 아니라, 우리의 선택입니다.
>
> _해리 포터와 비밀의 방(Harry Potter And The Chamber Of Secrets)

우리의 본질은 선택을 통해 형성된다. 스스로 선택하지 않은 건 그 사람의 본질이 아니다. 인종, 국가, 부모, 환경, 외모 혹은 선천적 능력은 우리가 선택한 것이 아니다. 그렇게 주어진 것들은 한 사람의 본질과는 전혀 상관이 없다. 사람의 본질은 그가 주체적으로 내리는 선택에 의해서 만들어진다. 선택은 어떻게 살겠다는 의지고, 그 결과는 책임지겠다는 결단이다. 한 사람의 정체가 궁금하면 중요한 순간에 그가 내리는 선택을 보면 된다.

#본질 #선택

•

2002년 | 감독 크리스 콜럼버스 | 각본 스티브 클로브즈 | 주연 다니엘 래드클리프, 엠마 왓슨 | 원작 J. K. 롤링

> 어제는 역사고 내일은 미스터리지만 오늘은 선물이야. 그래서 현재(Present)를 선물(Present)이라고 부르는 거야.
>
> _쿵푸 팬더(Kung Fu Panda)

현재에 집중하는 것이 마음챙김이다. 과거를 후회하지 않고, 미래에 불안해하지도 않고, 오로지 지금 이 순간에 집중하는 것. 현재의 바람과 햇빛을 즐기고, 온 감각을 열어서 현재 다가오는 향기와 풍미, 피부에 닿는 풀들의 촉감을 받아들이라는 것이다. 머릿속에 떠오르는 자연스러운 생각들마저 밀어내지 않고 받아들여 집중하면, 스트레스조차도 감싸안게 된다. 살아 있는 모든 순간은 선물이다. 영어 'Present'가 현재와 선물이라는 두 가지 뜻을 가진 이유는 바로 그 현재가 선물이기 때문이다.

#현재 #집중

•
2008년 | 감독 마크 오스본, 존 스티븐슨 | 각본 조나단 에이벨, 글렌 버거 | 주연 잭 블랙, 더스틴 호프만

> 길 자체가 목적이다.
>
> _신과 함께 가라(VAYA CON DIOS)

인생의 목적은 무엇을 성취하거나 달성하는 게 아니다. 진정한 목적은 그것을 달성하려고 나선 여행 자체에 있다. 성장은 어딘가에 도착했을 때가 아니라 그곳을 향해서 가는 여정에서 이루어진다. 인생의 가치도 무언가에 성공했을 때가 아니라 성공을 위해서 노력하는 과정에 있다. 과정 속에서 우리는 좋은 사람들을 만나고, 뜻깊은 경험을 하며, 스스로에 대해서 깨달아간다. 주저하지 말고 길을 나서라. 그러면 당신의 목적은 이미 성취된 것이다.

#인생 #성장

●
2002년 | 감독, 각본 졸탄 슈피란델리 | 주연 다니엘 브뤼흐, 마이클 귀스덱

> 선택하지 않는다면, 모든 가능성은 계속 남아 있는 거야.
>
> _미스터 노바디(Mr.Nobody)

결정 장애가 꼭 나쁜 것만은 아니다. 아무것도 선택하지만 않으면 모든 건 가능성으로 남아 있다. 자코 반 도마엘 감독의 유머는 선택을 두려워하는 우리 대부분에게 위안을 준다. 살아가는 건 매일매일 선택의 연속이지만, 그렇다고 해서 선택에 대한 강박으로 자신을 몰아세울 필요는 없다. 아무것도 선택하지 않은 갓난아이에겐 모든 것이 가능성으로 넘실거리지만, 이미 삶의 많은 것들을 선택해온 노인은 자신이 선택해온 결과 속에서 살아간다. 우리는 선택을 해야 하지만, 너무 선택에 쫓기듯 살지는 말자.

#선택 #가능성

●
2009년 | 감독, 각본 자코 반 도마엘 | 주연 자레드 레토, 사라 폴리

# III. 가족 안에서 성장하다

> 우리 모두는 널 사랑한다. 이제 나가서 더 좋은 세상을 만들어라. 네 엄마와 나도 노력했다. 너 자신을 믿고 나아가라.
>
> _허공에의 질주(Running on Empty)

우리가 세상에 나서는 이유는 더 좋은 세상을 만들기 위해서다. 그것이 음악이든, 정치든, 공부든, 사업이든 우리는 더 나은 세상을 만들려고 각자의 분야에서 노력한다. 부모의 시대에는 부모가 노력했고, 자식의 시대에는 다시 자식들이 노력해 나간다. 사람은 누구나 부모와 헤어지는 순간이 있다. 품 안에서 떠나가는 자식에게 할 수 있는 말이 이 말 외에 또 있겠는가?

#가족 #미래 #부모

- 1988년 | 감독 시드니 루멧 | 각본 나오미 포너 | 주연 리버 피닉스, 주드 허쉬

> 맞아, 과거는 아프지. 하지만 내가 볼 때는 말이야. 넌 그것으로부터 도망칠 수도 있고, 배울 수도 있어.
>
> _라이온 킹(The Lion King)

세상에는 두 종류의 사람이 있다. 아픈 과거로부터 도망치는 사람과 그것에서 교훈을 얻고 배워나가는 사람. 전자에게는 그 아픔이 계속 반복되고, 후자에게는 그 아픔이 극복된다. 아버지 사자왕이 아들 사자에게 하는 이 교훈이 아들을 진정한 왕이 되게 한다. 과거를 마주 대하는 데는 몇십만 명의 적을 대하는 것보다 더 큰 용기가 필요하다.

#과거 #교훈 #용기

●
1994년 | 감독 로저 알러스, 롭 민코프 | 각본 아이린 메치, 조나단 로버츠, 린다 울버톤 | 주연 메튜 브로데릭, 모이라 켈리

> 엄마는 아팠어. 그냥 그렇게 된 거야. 아무것도 할 수 있는 게 없었어. 불공평하지. 아무 이유도 없고. 하지만 왜냐고 물어보기 시작하면, 우린 미쳐버릴 수도 있어.
>
> _시애틀의 잠 못 이루는 밤(Sleepless in Seattle)

첫 장면 시애틀 다운타운의 빌딩이 멀리 보이는 공동묘지, 방금 묻은 아내의 묘 앞에서 샘은 너무 사랑해서 잊을 수 없는 가족의 죽음을 받아들이는 자세를 9살 아이가 알기 쉽게 설명한다. 우리가 잘못해서도 아니고, 운이 없어서도 아니다. 그건 그냥 일어난 거다. 그러니까 왜냐고 묻지 말자. 그러기 시작하는 순간 우리도 온전히 살아갈 수가 없고, 그건 우리를 사랑하는 엄마의 뜻이 아니다. 이 가족뿐만 아니라 누구에게도 적용될 수 있는 태도다. 아프지만 받아들여야 또 살 수가 있다.

#가족 #죽음

●

1992년 | 감독 노라 에프린 | 각본 노라 에프린, 제프 아치 | 주연 **톰 행크스, 멕 라이언**

> 눈이 내린다. 우리가 한 번도 사용하지 않은 쓸쓸한 수영장 위로 내린다. 우리가 같이 걷고, 네가 지쳐서 누워 있던 숲으로 내린다. 너의 딸 위로도, 내 위로도 내린다. 모든 산 것들과 죽은 것들 위로 내린다.
>
> _룸 넥스트 도어(The Room Next Door)

죽음은 눈처럼 공평하게 누구에게나 온다. 오늘은 너의 딸도, 나도 남아서 너의 죽음을 추억하지만 내일은 다시 우리에게도 엄정하게 죽음은 올 것이다. 죽음을 긍정하는 것이 삶을 긍정하는 것이다. 눈은 내려서 녹지만 한 사람의 삶은 그렇게 자취 없이 사라지진 않는다. 너와 똑같은 모습의 딸이 지금 나와 함께 네가 앉았던 의자에 앉아서 네가 걷던 풍경을 보고 있지 않는가? 죽음은 눈처럼 자연스럽고, 심지어 아름답다. 그리고 그것을 바라보는 살아 있는 우리도 아름답다. 계절이 지나고, 비가 오고, 바람이 불고, 또 눈이 오는 것처럼.

#죽음 #추억

- 2024년 | 감독, 감본 페드로 알모도바르 | 주연 틸다 스윈튼, 줄리안 무어

> 사람은 사람을 사랑하지 않을 수가 없어. 사람은 놀라워.
>
> _더 웨일(The Whale)

사람은 계속 타인을 외면할 수 없다. 우리는 결국 타인을 배려하고 돌볼 수밖에 없다. 모든 사람은 그렇게 태어났다. 영화 속 주인공 찰리처럼 과거에 대한 후회와 죄의식, 견딜 수 없는 자기혐오와 비뚤린 자존심 속에서도 우리는 타인에 대한 사랑을 멈출 수 없다. 버림받았다는 생각에 비뚤어진 딸에게도 타인을 배려하는 마음이 있다는 걸 발견했을 때 찰리는 마치 구원의 말처럼 위의 대사를 중얼거린다. 딸 역시 놀라운 인간이다. 딸은 행복할 자격이 있다. 타인을 배려하고 사랑하는 사람만이 행복할 수 있으니까. 찰리는 안간힘으로 일어서서 딸에게 다가간다. 자신이 세상에 내놓고, 한동안 버려두었지만 끝끝내 바닷속 고래처럼 위대한 존재가 된 딸에게 다가간다. 하지 못한 마지막 말은 이것일 것이다. "딸아, 넌 정말 놀라운 존재구나."

#사랑 #배려 #가족

2022년 | 감독 대런 아로노프스키 | 각본 사무얼 D. 헌터 | 주연 브랜든 프레이저

> 3000만큼 사랑해.
>
> _어벤져스: 엔드게임(Avengers: Endgame)

'하늘만큼 사랑해'라는 말은 자신이 생각할 수 있는 가장 큰 양으로 사랑한다는 말이다. 5살짜리 아이가 생각할 수 있는 가장 큰 숫자는 3000이다. 800도 아니고 1200도 아닌 3000은 무한한 사랑이다. 아이언맨 토니 스타크의 딸 모건 스타크는 아빠에 대한 사랑의 깊이와 양을 이렇게 표현한다. 이때 3000은 1만이나 1억보다도 더 큰 숫자며, 거의 측정 불가능한 무한대의 숫자다. 이 말의 간명함과 구체성 때문에 더 애틋하게 그 사랑의 깊이가 다가온다. 영화의 마지막, 이 숫자는 다시 한번 등장한다. 인류를 지키기 위한 시간여행에서 세상을 떠난 토니 스타크가 유언처럼 남긴 홀로그램에서 등장한다. 딸에게 다가온 아이언맨은 다정하게 다시 말한다. "3000만큼 사랑해." 딸에 대한 토니의 사랑도 측정 불가능할 만큼 크다. 그는 지구를 구한 게 아니라 딸과의 사랑을 구하러 시간여행에 나섰는지도 모른다.

#가족 #사랑 #세계

2019년 | 감독 안소니 루소, 조 루소 | 각본 크리스토퍼 마커스, 스티븐 맥리리, 짐 스탈린 | 주연 로버트 다우니 주니어, 크리스 에반스

> 우는 건 나를 멈춰 세우고,
> 인생의 문제들이 던져주는 무거움을 깊이 생각하게 해요.
>
> _인사이드 아웃(Inside Out)

슬픔에도 역할이 있다. 울면서 나를 다시 돌아보고, 즐겁게만 지내느라 지나쳤던 문제들을 생각하게 한다. 기쁨만큼 슬픔도 중요하다. 기쁨은 슬픔으로 조절하고, 슬픔은 기쁨으로 다시 조절된다. 감정의 균형이 중요한 이유다. 영화 속 슬픔이가 하는 이 대사는 그래서 우리 안의 슬픔마저 소중하게 여기게 한다. 우는 행위는 나의 슬픔과 아픔에 공감해주기를 바라는 사회적 행동이기도 하다. 어떤 감정도 낭비될 순 없다. 마음속 모든 감정은 다 생겨난 이유가 있다.

#감정 #슬픔 #균형

2015년 | 감독 피터 닥터 | 각본 피터 닥터, 마이클 안트 | 주연 다이안 레인

> 다시 돌아오지 마. 우릴 생각하지도 마. 절대로 뒤돌아보지 마. 편지도 쓰지 마. 그리움에 빠지지도 마. 우리 모두를 잊어. 그럼에도 만약 다시 돌아오면 날 보러 오지 마. 절대로 널 내 집에 다시 들이지 않을 거야. 알겠니?
>
> _시네마 천국(Cinema Paradiso)

그리움보다 꿈을 선택해라. 늙은 영사 기사 알프레도는 토토에게 이렇게 말한다. 더 넓은 세상으로 가서 크게 살라는 말이다. 그러기 위해서는 과거와는 결연하게 연을 끊으라고 한다. 성장한다는 것은 사랑하는 모든 것들과 이별하는 것이다. 이것을 받아들이지 않으면 결코 성장할 수 없다. 우리는 모두 사랑하는 것들을 희생하며 여기까지 왔다. 알프레도는 절실하게 토토를 사랑하지만 그러기에 다시는 토토를 보지 않겠다고 말한다. 눈이 먼 이 스승은 자신과의 연을 끊는 것이 토토가 앞으로 나가기 위해 반드시 해야 할 일이라는 걸 알고 있다. 그리곤 모든 일을 사랑하고 열정적으로 하라고 말한다. 마치 이 작은 시골 영사실에 처음 들어온 꼬마 토토가 신이 나서 영사기를 배웠던 것처럼. 세상의 모든 스승은 눈물겹고 훌륭하다.

#성장 #꿈 #스승

1988년 | 감독 주세페 토르나토레 | 각본 주세페 토르나토레 | 주연 필립 느와레, 자크 페렝

> 나쁜 소식은 네가 다시는 예전처럼 될 수 없다는 거야. 절대 다시는 예전처럼 온전해지지 않을 거야. 네 딸을 잃었잖아. 그걸 대신할 건 아무것도 없어. 이제 좋은 소식은 이거야. 일단 그걸 받아들이고, 고통을 피하지 말고 받아들이고, 마음속에서 딸을 찾아가는 걸 스스로에게 허락하면 딸이 네게 주었던 모든 사랑과, 그 아이가 누렸던 기쁨을 기억하게 될 거야.
>
> _윈드 리버(Wind River)

자식을 잃는 건 살면서 경험하는 가장 큰 고통이다. 사람이 살아서 경험하는 죽음이다. 자신의 죽음보다 몇백 배 더 고통스러울 수도 있다. 어떤 언어로도 이 고통을 위로할 수는 없다. 그래도 해야 한다면, 이건 하나의 방법이다. 영화 속 코리가 친구 마틴에게 하는 이 말이다. 극복하는 게 아니라 받아들이라 말한다. 고통도 피하지 말고 바라보라 말한다. 그러면 적어도 자식을 기억할 수는 있다고 한다. 딸의 슬픈 모습이 아니라 가장 아름답고 밝은 모습으로 기억하라고 한다. 영화 속 아메리카 원주민 보호구역의 혹독한 겨울 눈보라가 우리가 살아서 맞는 고통을 보여준다면, 그 속에서 슬픔을 감당하고 정의를 살리려는 노력은 우리가 왜 고통 속에서도 살아가야 하는가를 보여준다.

#고통 #죽음 #수용

2017년 | 감독, 각본 테일러 쉐리던 | 주연 제레미 레너, 엘리자베스 올슨

> 내일 무슨 일이 일어나더라도, 아니 내 남은 인생에 무슨 일이 일어나더라도, 나는 지금 이 순간 행복해요. 왜냐하면 당신을 사랑하니까.
>
> _사랑의 블랙홀(Groundhog Day)

이 말을 하고 나서 주인공 필은 비로소 내일을 맞는다. 사랑하지 않으면 우리는 시간 속에 갇힌다. 매일 같은 날이 반복되는 이 영화는 우리의 반복적인 삶에 대한 은유다. 그 삶을 지겨워하고, 거기서 탈출하려고 하는 건 무의미하다. 진정으로 사랑하고, 좋은 사람이 되려고 노력해야 한다. 이기적이고 냉소적인 마음으로는 감옥 같은 삶의 반복을 피할 수 없다. 살아남고, 무언가 성과를 내는 것만이 가치 있는 것은 아니다. 중요한 건 더 선량한 사람이 되려고 노력하고, 우리에게 주어진 삶의 기회를 끌어안고 최선을 다하는 것이다. 그래야 2월 2일에 갇혀 있던 영화 속 주인공이 마침내 2월 3일을 맞듯이, 당신도 새로운 날을 맞을 수 있다.

#사랑 #인생 #반복

•
1993년 | 감독 해럴드 래미스 | 각본 대니 루빈, 해럴드 래미스 | 주연 빌 머레이, 앤디 맥도웰

> 가족을 잃으면 우리는 다시 가족을 찾게 된다. 반드시 혈연관계가 아니더라도 혈연관계처럼 될 수 있는 가족을.
>
> _파인딩 포레스터(Finding Forrester)

가족은 혈연으로만 만들어지는 것이 아니다. 사랑과 배려, 정서적 연대가 가족을 만든다. 혈연만으로 가족을 강요하다가 생기는 비극도 많다. 사랑이 없으면 어떤 혈연관계도 가족을 만들지 못한다. 아무리 세상으로부터 자신을 단절시킨 사람도 마음속 깊은 곳에서는 가족처럼 의지할 사람을 갖고 싶다. 외로움을 좋아하는 사람은 없고, 거기서 벗어나는 길은 가족뿐이다. 그것이 혈연이든 아니든. 포레스터는 가족을 잃고 스스로를 고립시킨 사람이었다. 그가 우연히 만난 한 소년과 맺는 가족적 연대가 영화의 이야기다. 나이나 사회적 환경, 인종과 경제적 조건을 뛰어넘는 이들의 우정을 포레스터는 가족 관계였다고 말한다.

#가족 #외로움 #연대

• 2000년 | 감독 구스 반 산트 | 각본 마이크 리치 | 주연 숀 코네리, 롭 브라운

> 그를 사랑해요. 하지만 그 때문에 꼭 같이 살아야 하는 건 아니잖아요.
>
> _결혼 이야기(Marriage Story)

사랑과 한 개인의 성장은 다른 문제다. 사랑해서 결혼하지만, 결혼해서 같이 사는 건 이 두 가지가 함께 조화되어야 한다. 사람은 나이와 관계없이 매일 매일 성장한다. 좋은 쪽으로 변해가는 걸 성장이라고 한다. 결혼해서 같이 사는 두 사람은 이 성장의 속도가 맞아야 한다. 한 사람만 성장하고, 다른 사람은 멈추어 있다면 결혼생활은 불안해진다. 결혼은 자신의 성장뿐 아니라 상대의 성장도 같이 배려하고 도모해 나가야 유지된다. 따로 살던 두 사람이 함께 살면서 서로를 돕고 같이 성장해 나가는 게 이상적인 결혼이다. 둘 중의 하나가 나쁜 사람이라서 결혼이 무너지는 게 아니다. 둘이 같이 좋은 사람으로 변해 가지 못해서 결혼은 위태로워진다.

#사랑 #성장 #결혼

·
2019년 | 감독, 각본 노아 바움백 | 주연 스칼렛 요한슨, 애덤 드라이버

> 가족과 함께 시간을 보내지 않는 남자는 진짜 남자가 아니다.
>
> _대부(The Godfather)

남성성은 새롭게 규정된다. 가족과 시간을 많이 보내는 남자가 진짜 남자다. 흔히 일에 몰두하고, 밖에서 친구들과 시간을 보내는 남자를 강한 남자라고 생각하지만, 진짜 남자는 가정적인 남자다. 마피아의 거친 남자들에게도 가족은 정체성의 가장 기본적인 단위다. 조직에 대한 충성은 가족에 대한 헌신과 같은 말이다. 가정을 버린 남자는 가장 비겁하고 유약한 남자다. 강한 남자는 가족의 남자다.

#가족 #남성성

●
1972년 | 감독 프란시스 포드 코폴라 | 각본 마리오 푸조, 프란시스 포드 코폴라 | 주연 말론 브란도, 알 파치노

IV. 시간이 흘러도 기억하는 것들

> 과거는 우리가 스스로에게 하는 이야기예요.
>
> _그녀(Her)

과거는 실체가 아니다. 그것은 환영이다. 우리가 자신에게 하는 가상의 세계, 즉 이야기다. 이야기의 작가인 우리는 현재를 위해 그 이야기를 가공한다. 되풀이될수록 이야기는 점점 더 가공되어서 진실에서 멀어진다. 기억은 누구에게나 현재를 합리화하는 것. 과거를 돌아보는 것은 현재에서 도피하는 것이다. 지나간 시간을 돌아보지 말고, 현재를 보아야 하고, 그 현재가 만들어낼 앞을 보아야 한다.

#과거 #도피 #현재

●
2013년 | 감독, 각본 스파이크 존즈 | 주연 호아킨 피닉스

> 아마 지금으로부터 멀지 않은 어느 날, 내 미모가 사라지고, 사람들은 더 이상 내가 연기할 수 없다는 것도 알아챌 거고, 그러면 나는, 한때 잠시 유명했던 어떤 사람을 조금 닮은 서글픈 중년 여인이 돼 있겠죠.
>
> _노팅 힐(Notting Hill)

모든 건 사라진다. 세계적 스타의 영광도, 여신 같은 아름다움도. 그러고 나면 살아내야 할 시간만이 남는다. 그렇다고 아주 슬픈 건 아니다. 누구나 겪는 과정이니까. 영화 속에서 세계적 스타 안나 스콧이 말하는 이 대사는 눈부신 것들이 사라지는 슬픔을 얘기하면서, 동시에 그다음에 담담히 받아들여야 할 인생의 시간을 긍정하게 해준다. 자신의 삶을 가장 슬프게 얘기하는 사람에게 마지막 남은 초콜릿 브라우니를 주는 이 게임에서 안나 스콧은 이렇게 말하며 노력하지만 결국 브라우니를 차지하는 데는 실패한다.

#시간 #인생

·
1999년 | 감독 로저 미셸 | 각본 리차드 커티스 | 주연 줄리아 로버츠, 휴 그랜트

> 당신은 진실을 원하지 않아.
> 그냥 당신만의 진실을 만들고 있을 뿐이지.
>
> _메멘토(Memento)

기억은 기록이 아니다. 기억은 해석이다. 진실을 찾는 것처럼 보여도 그가 찾는 건 진실이 아니다. 자신에게 의미와 위안을 주는 것을 진실이라고 믿는다. 현실은 언제나 견디기에 고통스럽고, 그 속에서 살아내려면 나를 버티게 해줄 기억이 필요하다. 그것이 진실인지 아닌지는 상관없다. 우리는 누구나 자기기만 속에서 산다. 진실이라 해도 실은 이런 자기기만이 만들어낸 허상일 뿐이다. 객관적으로 존재하는 세상에 조응하려는, 허약한 우리가 할 수 있는 최대한의 노력이 기억이다. 우리는 모두 자기 능력만큼만의 진실을 갖는다.

#기억 #진실 #자기기만

2000년 | 감독, 각본 크리스토퍼 놀란 | 주연 가이 피어스, 캐리 앤 모스

> 가끔은요, 별거 아닌 평범한 일들이 제일 기억에 남아요. 예전에 아빠랑 길가에 앉아서 파란 자동차를 세곤 했거든요. 가끔 아빠가 아이스크림을 사면 저도 얻어먹었어요.
>
> _업(Up)

가장 일상적인 것이 가장 기억에 남는 법이다. 시간이 우리에게 뺏어가는 것은 짜릿하고 굉장한 일들만이 아니다. 시간이 흐르면 일상의 가장 소소한 것들도 같이 사라진다. 사라진 후에야 그런 것들이 가장 소중했다는 것을 깨닫는다. 우리가 어느 시간을 기억하는 방식은 모험과 사건이 아니라 그런 사소한 순간과 풍경이다. 어느 날 햇빛의 각도, 바람의 감촉, 그리고 사랑하는 사람들의 작은 표정들이다. 그런 것들이 모여서 거대한 폭포보다도 더 장엄한 한 인간의 삶이 만들어진다. 영화 속 러셀이란 아이는 세상에서 가장 아름다운 폭포 옆에서 이렇게 말한다. 폭포보다도 더 그리운 건, 지루하다고 생각했던 시간의 아주 작은 부분들이다.

#일상 #그리움 #기억

2009년 | 감독, 각본 피터 닥터, 밥 비터슨 | 주연 밥 비터슨, 조단 나가이

> 언젠가는 스스로 결정해야 해. 네가 어떤 사람이 될 건지.
> 그걸 남들이 대신 정하게 두면 안 돼.
>
> _문라이트(Moonlight)

아무도 당신을 규정할 수 없다. 자신을 규정하는 것은 자신만이 할 수 있다. 그것을 깨닫는 것이 성장이다. 부모나 또 다른 어른들, 거친 동년배나 선망하는 이성에 의해서 함부로 규정되던 유년의 시간이 지나면 스스로 자신을 규정해야 하는 시간이 온다. 이 시간이 늦어질수록 성장은 지체된다. 어른은 자신이란 존재를 온전하고 솔직하게 받아들이고 스스로를 세상에 주장하는 사람이다. 이것이 한 인간의 삶에서 가장 큰 도전이다. 사랑도 마찬가지다. 피하지 않고 자신의 마음을 인정하고 당당하게 고백하는 것이 어른의 사랑이다.

#성장 #사랑

●
2016년 | 감독 베리 젠킨스 | 각본 베리 젠킨스, 타럴 앨빈 맥크래니 | 주연 마허샬라 알리, 나오미 해리스

> 좋아요, 드밀 감독님, 나 클로즈업 준비됐어요.

_선셋 대로(Sunset Boulevard)

나는 나의 클로즈업을 위해서 산다. 인생이란 영화의 주인공은 나다. 클로즈업은 모든 사람의 시야에 나의 얼굴만 있는 것이다. 나의 눈동자로 그들의 마음을 채우고, 나의 미소와 숨소리로 그들의 마음을 흔든다. 그럴 때 나는 세상의 지배자가 된다. 내가 세상의 주인공이었던 시절의 기억은 사라지지 않는다. 나는 계속 나만을 비추는 클로즈업 속에서 산다. 한때 최고의 스타였지만 이제 늙고 외로운 노인이 된 여배우는 젊은 남자를 사랑하면서 자신의 영광을 다시 불러오려 한다. 그를 죽여서라도 자신의 삶이라는 영화에 박제하고 싶었다. 경찰과 함께 온 수백 명의 사진 기자가 플래시를 터뜨릴 때, 그는 다시 이 세상의 주인공이 된 것을 느낀다. 삶의 필연적 쇠락을 인정하지 않으면 영광은 종종 비극의 형태로 다시 돌아온다.

#인생 #정점 #쇠락

●

1950년 | 감독 빌리 와일더 | 각본 빌리 와일더, 찰스 브래킷, D. M. 마슈먼 주니어 | 주연 글로리아 스완슨, 윌리엄 홀덴

> 마치 내가 애써 돌아온 그 하루인 것처럼 모든 날을 살려고 해. 나의 특별하고도, 또한 평범한 삶에서 마지막으로 충만한 날인 것처럼 그 모든 날을 즐기려고도 해.
>
> _어바웃 타임(About Time)

모든 평범한 날이 가장 특별한 날이다. 굳이 애써 시간을 되돌려 아름다웠던 과거로 돌아갈 필요가 없다. 오늘을 그렇게 돌아가고 싶었던 아름다운 날로 만들면 된다. 그렇다고 특별한 이벤트를 만들 필요도 없다. 지금 당신의 옆을 지나가는 작은 순간들을 소중히 즐기면 된다. 오늘을 감사하고 오늘을 만들어준 모든 수고와 노력에 감사하자. 그러면 모든 날이 특별한 날이다.

#일상 #과거 #평범

2013년 | 감독, 각본 **리차드 커티스** | 주연 **돔놀 글리슨, 레이첼 맥아담스**

> 음악가들은 은퇴가 없어요. 그들 속에서 더 이상 음악이 생겨나지 않을 때가 은퇴죠. 내 속에는 아직 음악이 남아 있어요. 확신합니다.
>
> _인턴(Intern)

은퇴는 나이로 정해지지 않는다. 에너지와 열정, 재능과 창의력으로 정해진다. 영화 속에서 벤은 70이 넘은 홀아비다. 일은 그에게 돈을 버는 것만을 의미하지 않는다. 사회와 자신을 연결하는 행위고, 자신의 유용함을 확인하고, 내가 살아 있음을 경험하는 행위다. 은퇴는 제도나 타인이 정할 수 없다, 자신의 은퇴를 결정할 사람은 자신뿐이다. 노인은 경험과 지혜로 세상에 기여한다. 그걸 보장하고, 격려하는 사회가 좋은 사회다.

#노인 #은퇴 #경험

2015년 | 감독, 각본 낸시 마이어스 | 주연 로버트 드 니로, 앤 해서웨이

> 나에 대한 기억, 그것은 살면서 내가 알았던 사람들에 의해서, 그들이 나에 대해 하는 이야기를 통해서 전해져야 해.
>
> _코코(Coco)

사람은 다른 사람의 기억을 통해 영원히 산다. 육신은 떠나도 기억은 영원하다. 그 기억은 영원히 말하고, 세상에 작용한다. 한 사람의 뜻도 기억을 통해서 죽은 뒤에도 계속 세상에 펼쳐진다. 좋은 기억이 우리를 영원히 살게 한다. 살아 있는 한 최선을 다해서 다른 사람들에게 좋은 기억을 많이 심어놓아야 한다. 유전자가 자손에게 전해져서 물리적 죽음을 초월하듯이, 기억이 다른 사람들의 이야기를 통해 전해지면서 정서적 죽음은 극복된다. 영원히 사는 삶은 기억을 통해서 가능하다. 톨스토이가 그랬다.

#기억 #영원

2017년 | 감독 리 운크리치 | 각본 애드리언 몰리나, 매튜 알드리치 | 주연 가엘 가르시아, 안소니 곤잘레스

> 한 번 무언가를 하면, 절대 잊지 못해. 설사 기억하지 못해도 말이야.
>
> _센과 치히로의 행방불명(千と千尋の神隠し)

모든 경험은 남는다. 우리가 한 모든 행동은 기억을 못하더라도, 우리의 무의식에 자리한다. 모든 선택과 용기, 실수와 실패조차도 고스란히 우리의 마음에 흔적을 남기고, 정체성으로 쌓이고 굳어간다. 그렇다고 실수를 두려워할 필요는 없다. 실수가 남는다면 절망의 형태로 남는 게 아니고, 다시 그 실수를 반복하지 않을 지혜로 남는 거니까. 기호로서의 이름이 없어도, 자신의 행동들이 형성한 정체성이 그 사람의 진짜 이름이다.

#경험 #정체성 #기억

●

2001년 | 감독, 각본 미야자키 하야오 | 주연 히라기 루미, 이리노 미유

> 할머니, 미안해요. 할머니와 이야기하고 싶지 않았던 게 아니에요. 내가 말할 것들은 할머니가 이미 다 알고 계신다고 생각해서 그랬어요. 제가 커서 뭘 하고 싶은지 아세요? 사람들이 아직 모르는 것들을 알려주고, 아직 보지 못한 것들을 보여주고 싶어요. 그건 정말 재미있을 거예요. 어쩌면 언젠가… 할머니가 어디로 가셨는지도 알게 될지도 몰라요. 그때 알게 되면, 모두에게 말해주고, 그 사람들을 데리고 할머니를 만나러 가도 될까요?
> 할머니, 보고 싶어요. 특히 아직 이름도 없는 제 갓난아기 사촌을 볼 때마다요. 할머니가 날 보면 나이가 들었다는 걸 늘 느낀다고 하시던 게 그 아이를 보면 생각나요. 나도 널 보니까 나이가 든 걸 느낀다고 그 아기에게 말하고 싶어요.
>
> _하나 그리고 둘(一一, A One And A Two)

기억은 세대에서 세대로 전해지고, 앞 세대에 대한 그리움은 그대로 다음 세대 성장의 재료가 된다. 할머니의 장례식에서 손자가 읽는 이 솔직한 조사(弔詞) 속에는 한 사람이 다른 사람을 어떻게 기억하는지에 대한 모든 고백이 들어 있다. 할머니가 남긴 가장 일상적인 말들, 표정들, 말투까지 손자에게는 차곡차곡 그리움으로 쌓이고, 그리움은 자신이 희망하는 포부와 꿈으로 바뀐다. 할머니가 물려주는 것은 지혜가 아니고, 같이 나눈 온화한 기억이다.

#기억 #그리움

●
2000년 | 감독, 각본 에드워드 양 | 주연 일레인 진, 오가타 이세이, 조나단 챙

V. 열정을 가지고 도전하다

❝

일단 흥이 오르면… 모든 걸 잊어버리고, 내가 사라지는 것 같아요. 몸 전체에서 엄청난 변화가 일어나는 걸 느끼고요. 뜨거운 불덩이가 몸속에서 용솟음을 치기도 해요. 난 그냥 거기에 내 몸을 맡겨요. 새처럼 날면서요. 전기, 맞아요, 온몸에 찌릿찌릿 전기가 통하는 걸 느껴요.

_빌리 엘리어트(Billy Elliot)

❞

당신은 어떤 일을 할 때 몸에 전기가 통하는 걸 느끼는가? 온몸에 전기가 통하는 걸 느꼈다면 그 일이 바로 신이 당신에게 준 직업이다. 꿈을 찾는 건 이렇게 전기가 오는 일을 찾는 일이다. 영화 속 빌리 엘리어트가 춤을 추면서 온몸에 전류가 흐르는 걸 느꼈듯이 말이다. 꿈은 가만히 앉아서 기다린다고 오지 않는다. 해보지 않으면 언제 전기가 오는지 알 수 없다.

#꿈 #희망 #도전

•
2000년 | 감독 스테판 달드리 | 각본 리 홀 | 주연 제이미 벨

> 이게 왜 내가 제일 좋아하는 나무인지 알아? 쓰러졌는데도 여전히 자라고 있거든.

_플로리다 프로젝트(The Florida Project)

아무리 적대적인 환경에서도 아이들은 자란다. 모든 것이 타락하고 낡아버린, 낙원의 변두리에서도 아이들은 매일 즐거움을 찾고, 희망을 키워간다. 삶이 예정된 대로 흘러가지 않아도 시간이 가면 아이들은 자란다. 어른의 절망과 곤경이 아이들의 성장을 멈출 수는 없다. 땅에 쓰러진 나무도 실낱같은 뿌리만 뻗어 있다면 계속 부피를 키우고, 봄마다 푸른 잎을 돋아낸다. 6살 소녀 무니(Moonee)가 아무렇지도 않게 말하는 진실은 어른에게도 통용된다. 아무리 상황이 어려워도 의지만 있다면 우리는 계속 앞으로 번성할 수 있다. 넘어져도 다시 일어나는 오뚜기는 상투적인 환상일 뿐이다. 넘어져도 자랄 수 있다면 그대로 아름답다. 억지로 일어날 필요도 없다.

#성장 #아이 #의지

●

2017년 | 감독 션 베이커 | 각본 션 베이커, 크리스 베르고흐 | 주연 브루클린 프린스, 윌렘 데포

> 가장 따분한 장면들이 갑자기 풍부한 의미를 갖게 되는 거야. 시시하고 따분한 그것들 모두가 음악으로 인해 갑자기 아름답고 반짝이는 진주처럼 변해버리는 거지.
>
> _비긴 어게인(Begin Again)

신이 있다는 걸 느끼는 유일한 때는 음악을 들을 때다. 아주 오랜 옛날에 누군가 어떤 소리들의 높낮이와 길이를 조정해서 배열했고 그것이 아주 깊이 사람들의 마음을 움직인다는 것을 발견했다. 그것을 음악이라고 불렀다. 그렇게 발명된 이래로 음악은 사람들의 영혼을 어루만졌다. 음악은 시간의 형질을 바꾼다. 흘러가는 시간과 풍경 위에 감정과 영혼을 채색한다. 소소하고 평범한 순간들을 영화의 한 장면처럼 느끼게 한다. 실패한 음반제작자인 댄이 이제 막 시작하는 가수 그레타에게, 그녀가 하려는 일이 이처럼 위대하다고 말한다.

#음악 #영혼 #아름다움

●

2013년 | 감독, 각본 존 카니 | 주연 키이라 나이틀리, 마크 러팔로

> 사람들은 다른 사람이 열정적으로 몰두하는 대상을 좋아해요.
> 그들이 잊고 있던 것을 상기시켜 주니까.
>
> _라라랜드(Lala Land)

열정은 전염성을 가졌다. 사람은 누구나 한때 열정을 가졌지만 대부분 그걸 잊고 산다. 그래서 누군가 열정을 쏟는 걸 보면 잊고 있던 자신의 열정을 다시 기억한다. 〈라라랜드〉는 청춘의 열정과 꿈에 대한 영화다. 영화 속에서 세바스찬은 재즈에 열정을 갖고 몰두하지만 더 이상 누구도 재즈를 신경 쓰지 않는 것에 절망한다. 그런 세바스찬에게 미아는 위와 같이 얘기하며 열정 자체가 힘을 갖는다고 용기를 준다. 재즈에 몰두하는 세바스찬을 보고 사람들은 다시 재즈를 좋아하게 된다. 한 영혼이 전생을 걸고 몰두하는 것을 보면 그 안에 분명한 가치가 있을 거라 생각한다. 나의 영혼은 타인의 영감이다. 우리 모두의 열정도 누군가의 열정을 보면서 배운 것이다.

#열정 #청춘 #몰두

●
2016년 | 감독, 각본 다미엔 차젤레 | 주연 라이언 고슬링, 엠마 스톤

> 가장 어두운 시기에도 행복을 찾을 수 있어요. 단지 우리가 불을 켜는 것을 기억하기만 한다면요.
>
> _해리 포터와 아즈카반의 죄수(Harry Potter and the Prisoner of Azkaban)

가장 중요한 건 아주 간단한 노력과 낙관주의다. 그것만 있으면 어떤 어려움도 헤쳐나갈 수 있다. 상황이 힘들다고 아무것도 하지 않는다면 아무것도 좋아지진 않는다. 마치 방의 불을 켜는 것처럼 간단하게 상황을 호전시킬 장치가 있을 수 있다. 그것은 희망을 잃지 않는 자세이기도 하고, 망설이고 있는 전화 한 통을 거는 것일 수도 있고, 가고 싶지 않은 자리에 나가는 용기일 수도 있고, 길을 가다가 문득 건네는 다정한 인사일 수도 있다. 작은 노력은 예기치 않은 행운을 불러올 수도 있고, 무엇보다 스스로의 마음속에서 낙관과 용기를 잃지 않게 한다. 힘들 때일수록 주위를 돌아볼 것, 그리고 눈에 띄는 아주 작은 것들을 고쳐 나갈 것.

#노력 #희망 #용기

2004년 | 감독 알폰소 쿠아론 | 각본 스티브 클로브스 | 주연 다니엘 래드클리프, 루퍼트 그린트 | 원작 J. K. 롤링

> 불은 옮겨붙어. 우리가 불타면 너도 함께 불타는 거야.
>
> _헝거게임: 모킹제이(The Hunger Games: Mockingjay-Part 1)

이미 억압받고 있는 자들을 더욱 억압하면 저항은 더 크게 번진다. 그 저항의 끝은 공멸이다. 세상에 한쪽만 멸망하는 혁명은 없다. 임계점을 넘어선 약자들의 저항은 어떤 힘으로도 잡기 힘들다. 영화의 주인공 캣니스 에버딘은 지배자들이 고안한 게임에 꼭두각시 경쟁자로 출전하지만, 마침내 그가 물리쳐야 할 적은 같은 무대 위의 경쟁자들이 아닌, 그들을 억압하고, 이 게임을 고안하고 즐기는 지배자들임을 깨닫는다. 이제부터 그녀가 싸우는 대상은 경쟁자가 아니라 궁극적인 적, 즉 지배자들이다. 게임 속 장기말에서 혁명가로 다시 태어나는 주인공의 강력한 선언이 어떤 영웅의 탄생보다도 장엄하다.

#억압 #혁명 #영웅

●

2014년 | 감독 프란시스 로렌스 | 각본 대니 스트롱 | 주연 제니퍼 로렌스

> 나는 차라리 34살에 술 먹고 거지로 죽더라도 사람들이 저녁 밥상에서 나에 대해 얘기하는 삶을 살 거야. 90살까지 술도 안 먹는 부자로 살다가, 아무도 기억하지 못하는 삶을 살 바에는.
>
> _위플래쉬(Whiplash)

성공이란 무엇인가? 아무리 참혹한 대가를 치르더라도 세상에 이름을 남기는 것인가? 아니면 안정된 직장에 다니며 행복하고 건강하게 장수하는 것인가? 세상의 모든 위대한 예술가들은 자기 당대의 삶에서 대가를 치렀다. 반 고흐, 베토벤, 그리고 찰리 파커까지. 토마스 만의 소설 『토니오 크뢰거』에 나오는 것처럼 예술이라는 땅으로 한번 들어오면, 우리는 따뜻하고 행복한 일과는 영원히 이별해야 한다. 예술은 성공하려고 하는 것이 아니라 할 수밖에 없어서 하는 것이다. 영화 속에서 앤드류는 가족들의 디너 파티에서 안정된 직장에 다니며 착실히 '성공한' 삶으로 안착하고 있는 사촌 형제들에게 그 삶이 궁극의 이상이 아니라 하나의 선택지일 뿐이라고, 자신이 가려는 삶이 더 높은 선택지일 수 있다고 말한다. 이 영화의 마지막 장면에서 그의 신들린 연주는 예술가로서의 고통스럽지만, 위대한 삶을 향한 그의 강력한 열망을 보여준다.

#예술 #성공 #열정

2013년 | 감독, 각본 다미엔 차젤레 | 주연 마일즈 텔러, J. K. 시몬스

> 당신이 5살 때 두려워하던 것들을 더 이상 두려워할 필요는 없어요.

_킹스 스피치(The King's Speech)

우리 안에는 작은 아이가 있다. 그 아이는 어린 시절의 부끄러움과 상처, 두려움으로 자랐다. 그래서 성인이 된 이후에도 그 아이는 우리를 붙잡고 놓아주지 않는다. 말을 더듬게 하고, 갑자기 난폭하게 만들고, 무책임하게 도망가게도 한다. 온전한 성인이 되기 위해서는 이 아이로부터 자신을 해방하고, 세상과 정면으로 마주해야 한다. 성인이 된 자신이 어릴 때 자신보다 더 강하고, 현명하며, 용감하다는 사실을 스스로 인식하고 이 아이를 내면에서 내보내야 한다. 〈킹스 스피치〉는 한 나라의 왕인 주인공이 이 아이로부터 자신을 해방하는 영화다. 아버지와 형으로부터 억압당하고, 왼손잡이면서도 오른손 쓰기를 강요받았고, 유모의 은밀한 학대까지 받으며 자랐던 왕이 여전히 자신을 두려움에 떨며 말을 더듬게 하는 아이를 내보내고 온전한 성인이 되는 이야기다. 진정한 용기는 자신의 내면과 마주하는 일이다.

#내면 #성장 #두려움

2010년 | 감독 **톰 후퍼** | 각본 데이빗 세이들러 | 주연 콜린 퍼스, 제프리 러쉬

> 아무것도 쓰여 있지 않아.
>
> _아라비아의 로렌스(Lawrence of Arabia)

운명이란 없다. 어떤 것도 신의 노트에 미리 쓰여 있진 않다. 자유의지와 용기, 주저하지 않는 행동이 운명을 만든다. 아무리 극단적인 상황에서도 사람은 자신의 길을 스스로 선택한다. 로렌스가 사막에서 뒤처진 동료를 구하러 가야 한다고 할 때, 다른 동료들은 "그의 운명은 죽는 것으로 정해져 있다"라고 말한다. "그것은 신의 노트에 이미 쓰여 있다"라고도 말한다. 그러나 로렌스는 홀로 동료를 찾으러 다시 사막으로 들어간다. 사람들이 로렌스마저 사막의 모래폭풍에 사라졌을 거라고 믿을 무렵, 뒤처졌던 동료를 말에 싣고 나타난다. 그리고 말한다. "아무것도 쓰여 있지 않아!"

#운명 #자유 #용기

・
1962년 | 감독 데이빗 린 | 각본 로버트 볼튼 | 주연 피터 오툴, 오마 샤리프

> 우리가 앞서나갈 기회만 생기면, 저들은 결승선을 옮겨버려.
>
> _히든 피겨스(Hidden Figures)

인종과 성별, 그 이중 차별의 벽은 높다. 흑인 여성들이 그 이중의 벽을 넘어섰다고 생각하는 순간, 그들은 벽을 옮겨버린다. 경쟁의 성격을 바꾸고, 규정마저 바꾼다. 아무리 노력해도 개인은 이 제도적 차별의 벽을 넘기 쉽지 않다. 제도적 차별의 교묘한 성격을 이 대사는 아주 간명하고 명확하게 설명한다. 죽을힘을 다해 결승선에 도착했는데, 결승선은 어느새 저만치 멀리 가 있고, 다른 사람에게 유리하게 다시 그어진다. 이길 수 있는 유일한 길은 용기를 가지고 부당한 규칙에 항의하고 도전하는 것이다.

#차별 #용기 #도전

●
2016년 | 감독 테오도르 멜피 | 각본 앨리슨 슈로더, 테오도르 멜피 | 주연 타라지 P. 헨슨, 옥타비아 스펜서, 자넬 모네

> 사장님의 목표가 선수들을 사는 것이면 안 돼요. 승리를 사야지요. 그리고 승리를 사기 위해선 점수를 사야 합니다.
>
> _머니볼(Money Ball)

스타플레이어의 명성이 승리를 가져다주진 않는다. 승리는 점수를 내야 얻을 수 있다. 야구는 쇼가 아니고 승리를 만들어야 하는 스포츠다. 쇼에서는 스타가 필요하지만, 승리를 위해서는 점수를 만들 수 있는 선수가 더 필요하다. 홈런은 한 사람이 치지만 점수는 함께 만든다. 가끔 우리는 화려하고 공허한 것들로 눈을 가리고, 중요하고 실질적인 것들을 놓친다. 기본을 살피면 전략이 나온다. 적은 비용으로 가장 효율적인 야구팀을 만들려는 이 영화의 이야기가 우리에게 가르쳐주는 것이다. 생각을 바꾸면 기본이 보인다. 모든 스카우터가 스타플레이어만 사려고 경쟁할 때, 영화의 주인공들은 점수와 승리를 산다.

#승리 #전략 #돈

●
2011년 | 감독 베넷 밀러 | 각본 로버트 루이스, 스티븐 자일리언, 아론 소킨 | 주연 브래드 피트 | 원작 마이클 루이스

> 여자들은 사랑만이 아니라 마음과 영혼도 있어요. 미모만이 아니라 야망도 있고, 재능도 있어요. 사랑만이 여자가 태어난 이유의 전부라고 사람들이 말하는 게 정말 지긋지긋해요.
>
> _작은 아씨들(Little Women)

여자의 가치가 외모와 사랑으로만 평가되는 걸 거부한다. 재능과 야망, 꿈과 목표가 여자에게도 있다. 여자는 남자의 장식품이 아니라, 남자보다도 더 독립적이고 지적이고 복잡한 존재다. 영화는 과거의 이야기지만 여성의 싸움은 오늘날에도 계속된다.

#여성 #싸움 #독립

- 2019년 | 감독, 각본 그레타 거윅 | 주연 플로렌스 퓨, 티모시 샬라메 | 원작 루이자 메이 앨콧

> 노아는 언제 방주를 지었지, 글라디스?
> 비 오기 전에, 비 오기 전에.
>
> _스파이 게임(SPY GAME)

일이 터졌을 땐 이미 늦었다. 항상 미리 준비해야 한다. 노아는 폭풍이 몰려오고 비가 올 때 방주를 짓지 않았다. 아무도 폭풍을 예상하지 않을 때 마른 땅 위에 거대한 배를 만들었다. 물이 아니면 절대 옮길 수 없을 만큼 커다란 배를 지었다. 항상 미래를 예측하고 준비해야 한다. 일이 터졌을 때는 예측한 지혜로 헤쳐나가야 한다. 경험 많은 동료가 필요한 것도 이 지점이다. 그들은 안다, 모든 일은 잘못될 가능성이 있고, 언제나 그에 대비한 계획을 짜놓아야 한다는 것을. 이것이 조직에서 자신을 지키는 방법이다.

#준비 #경험 #계획

•
2001년 | 감독 토니 스콧 | 각본 마이클 프로스트 베크너, 데이비드 아라타 | 주연 로버트 레드포드, 브래드 피트

VI. 인간이란 무엇인가

> 난 너희 인간들이 상상도 하지 못할 것들을 보아왔다. 오리온자리의 어깨에서 불타고 있는 공격함선들, 탄호이저 관문 근처의 어둠 속에서 빛나며 뻗어나가던 C광선도 보았다. 그 모든 순간들이 시간 속에 사라진다. 빗속의 눈물처럼. 이제 죽을 시간이다.
>
> _블레이드 러너(Blade Runner)

세상에 영원한 건 없다. 인간도, 심지어 인조인간까지도 언젠가는 사라진다. 우리가 할 수 있는 일은 이 우주에 존재할 때 빛나는 순간들을 만드는 것뿐이다. 설령 다 사라져도, 기억은 남는다. 최선을 다해 살고, 우리의 시간이 왔을 때 사라짐을 받아들인다. 이 아름답고 비장한 대사처럼. 이 영화 속에서 인조인간으로 나오는 배우 룻거 하우어는 작동 정지, 즉 죽기 직전에 말하는 이 대사로 영원히 사람들의 가슴에 남았다.

#영원 #인간 #기억

●
1982년 | 감독 리들리 스콧 | 각본 햄톤 팬커, 데이비드 웹 피플스 | 주연 해리슨 포드 | 원작 필립 K. 딕

> 너희가 병원 밖 길거리에 돌아다니는 평범한 멍청이들보다 더 미친 것도 아니라고.

_뻐꾸기 둥지 위로 날아간 새(One Flew Over the Cuckoo's Nest)

누가 정신병을 규정하는가? 중세에는 신을 부정하는 것도 정신병으로 규정했다. 정상과 비정상은 항상 권력을 가진 자들이 규정한다. 권력은 위협이 될 세력과 생각을 정신병으로 규정해 사회에서 격리했다. 사람의 마음을 판단하는 보편적 객관성은 없다. 사람은 누구나 자기만의 우울과 상처와 망상을 갖고 산다. 그들 모두를 환자로 볼 수 없다. 병든 건 세상이지 사람이 아니다.

#정신병 #정상/비정상 #권력

1975년 | 감독 밀러스 포먼 | 각본 로렌스 하우벤, 보 골드만 | 주연 잭 니콜슨

> 내가 아는 유일한 건 우리가 친절해야 한다는 거야.
> 제발 친절해야 해.
>
> _에브리씽 에브리웨어 올 앳 원스(Everything Everywhere All at Once)

친절한 태도가 가장 중요하다. 아무리 혼탁한 세상이라도 우리는 서로에게 친절해야 한다. 아무리 여러 유니버스가 동시에 존재하고, 그 속에서 암담함과 허무가 우리를 압도해도 우리가 지켜야 할 건 친절이다. 친절은 분노보다는 공감, 평가보다는 이해, 무관심보다는 사랑을 앞세우는 태도다. 영화 속 다중세계는 우리를 둘러싼 혼란과 절망의 상징이다. 그 속에서 가족이나 친구 등의 가까운 관계마저도 무한대의 공간으로 분열해갈 때 오직 친절만이 우리의 세계를 다시 확인하며 관계를 복원할 수 있다. 설령 우리가 아무도 모르는 어느 외딴 세계의 구석에 바위가 되어 놓인다 해도 친절은 자신이 가치 있는 존재라는 사실을 확인시킨다. 친절은 이 혼탁한 세계 속 가장 현실적인 자기 수양이다.

#친절 #관계 #수양

●
2022년 | 감독, 각본 다니엘 콴, 다니엘 쉐이너트 | 주연 양자경, 키 호이 콴, 스테파니 수

> 일부 사람만 가질 수 있다면, 그건 행복이 아니에요.
> 누구나 가질 수 있는 게 행복이에요.
>
> _괴물(怪物)

함께 행복해야 행복이다. 나의 행복과 불행을 다른 사람이 규정할 수 없다. 행복은 규정하지 않아도 봄날 햇살처럼 골고루 비춘다. 타인을 짓밟고 얻은 행복은 행복이 아니라 탐욕이다. 남들과 다르다고 행복도 다를 순 없다. 행복은 자랑하는 것도 아니고, 자연스럽게 느끼는 것이다. 영화 속 두 소년이 산길을 뛰어가는 마지막 장면은 행복이란 규정하는 것이 아니라, 느끼는 것이라고 말해준다. 행복은 타인의 인정으로 만들어지는 것도 아니다. 행복은 우박처럼 우수수 쏟아지는 게 아니라, 다 익은 감처럼 툭툭 떨어지는 것이다. 행복은 남과 나를 구분하지 않는다. 남이 행복해야 나도 행복하다. 누구나 행복할 권리가 있다.

#행복 #탐욕 #감정

●
2023년 | 감독 고레에다 히로카즈 | 각본 사카모토 유지 | 주연 안도 사쿠라, 나가야마 에이타

> 나는 고객도, 소비자도, 서비스 이용자도 아닙니다. 나는 게으름뱅이도, 무임승차자도, 거지도, 도둑도 아닙니다. 나는 국민보험번호도 아니고, 관공서 컴퓨터 화면 속 하나의 점도 아닙니다. 나, 다니엘 블레이크는 한 명의 시민입니다. 그 이상도, 그 이하도 아닙니다.
>
> _나, 다니엘 블레이크(I, Daniel Blake)

시민은 한 나라의 구성원으로서 법적인 의무를 다하고, 그 권리를 획득한 사람이다. 국가는 그런 시민들의 의무 이행으로 만들어지고, 그들의 권리를 보장한다. 이것이 상호 계약에 의한 국가와 시민의 관계다. 자신의 의무를 다한 시민은 당당하게 자신의 권리를 주장할 수 있다. 그 권리의 보장을 요구하는 행위는 전자제품의 애프터서비스를 요구하는 고객의 불만 제기도 아니고, 구걸이나 무임승차는 더욱 아니다. 영화 속에서 다니엘 블레이크는 건강 문제로 일을 할 수 없는데도 그것을 증명하는 데 실패해서 사회보장 서비스를 받지 못한다. 그는 자신의 일할 수 없음을 증명하기 위해 끊임없이 일하다가 결국 사망한다. 그의 장례식에서 한 아이 엄마가 대신 읽어주는, 그의 글은 시민으로서뿐 아니라 한 인간으로서도 자신의 의무를 다한, 한 사람의 절규이다.

#시민 #권리 #인간

●
2016년 | 감독 켄 로치 | 각본 폴 라버티 | 주연 데이브 존스, 헤일리 스콰이어

> 폭력으로는 절대 이길 수 없어요. 품위를 유지할 때만 당신은 진정으로 승리할 수 있어요.
>
> _그린 북(Green book)

폭력은 그 순간 강해보이지만, 진정으로 승리를 가져오지 않는다. 위엄과 품위, 자제력을 갖출 때, 진정한 승리는 온다. 간디와 마틴 루터 킹의 비폭력주의가 한 피아니스트에 의해서 이토록 간명한 대사로 압축된다. 고등교육을 받은 교양 있는 흑인 피아니스트와 근육질의 백인 운전기사는 연주 여행을 같이하면서 1960년대, 미국 남부의 인종주의와 맞선다. 무시와 경멸, 직접적 폭력에 의한 위해까지도 함께 뚫고 나가면서 그들은 서로를 학습한다. 운전기사는 비폭력으로 문제를 해결하는 방법을 배우고, 피아니스트는 교양만이 가장 효과적인 방법이 아니라는 것도 배운다.

#폭력 #품위 #교양

●
2018년 | 감독 피터 파렐리 | 각본 닉 발레온가, 브라이언 커리, 피터 파렐리 | 주연 비고 모텐슨, 마허샬라 알리

> **넌 진실을 감당할 수 없어!**
>
> _어퓨 굿 맨(A Few Good Men)

진실은 독점될 수 없다. 그러나 세상에는 자신만이 진실을 감당할 수 있다고 생각하는 사람들이 있다. 그런 사람들에 의해서 세상은 혼란해진다. 진실의 독점은 결국 권력의 독점이 되기 때문이다. 그런 사람들은 자신이 진실을 감추는 이유가 공공의 안녕을 위해서라고 한다. 세상이 도덕적이고, 아름답기 위해서는 어두운 곳에서 추악한 진실을 감당하는 자신들이 있어야 한다고 믿는다. 영화 속에서 잭 니콜슨이 연기하는 해병대 제섭 대령은 한 해병대원의 죽음이 사회의 안녕을 위해서 치러야 하는 대가라고 한다. 그리고 자신만이 그 진실을 감당할 수 있는 사람이라고 한다. 톰 크루즈가 연기하는 젊은 군법무관은 세상에서 진실보다 중요한 것은 없다고 그에게 말한다. 진실만이 진정한 공공의 이익이고, 명예이고, 우리가 지켜야 할 모든 것이라고 말한다. "이념보다, 국가보다 더 중요한 것은 진실이다"라던 어느 언론인의 말이 생각난다.

#진실 #독점 #권력

- 1992년 | 감독 롭 라이너 | 각본 아론 소킨 | 주연 톰 크루즈, 잭 니콜슨, 데미 무어

> 우린 젊지도 잘생기지도 않았어. 하지만 우린 여기 생생히 살아 있어. 딱 오늘 밤 한 번, 우린 완전 누드로 춤출 거야!
>
> _풀 몬티(The Full Monty)

6명의 실직한 철강회사 아저씨들의 올누드는 전혀 아름답지 않다. 그러나 이것은 그들이 이 세상에 살아 있다는 외침이다. 스스로를 인정하기만 하면 듬성듬성한 머리칼, 불룩한 배로도 춤출 수 있다. 이 영화는 생존과 우정, 자존심과 단합에 대한 얘기다. 옷을 벗는다고 자존심이 없는 건 아니다. 존엄은 자신의 모든 걸 받아들이고, 당당하게 스스로를 주장할 때 생겨난다. 중년의 스트립쇼에 관한 이 영화가 아름다운 이유다.

#생존 #인정 #존엄

1997년 | 감독 피터 카타네오 | 각본 사이먼 비우포이 | 주연 로버트 칼라일, 톰 윌킨슨

> 인격과 능력을 함께 가질 수도 있어요.
>
> _스티브 잡스(Steve Jobs)

능력이 나쁜 성격에 대한 변명이 된다고 생각하는 사람이 많다. 천재는 대개 나쁜 성격을 갖고 있다고 생각하는 사람도 많다. 회의 때마다 부하직원을 공격하고 상처주는 걸로 자신의 능력을 과시하는 사람들도 많다. 성격은 나쁘지만 능력이 있어서 버틴다고 생각하는 사람도 있다. 그러다 보니 착하다는 것이 무능하다는 말과 같은 뜻으로도 쓰인다. 하지만 진짜 능력자는 관계의 능력자다. 진정한 리더십은 다른 사람을 인격적으로 대할 때 나온다. 당신이 사람들을 인격적으로 대할 때 그들의 능력을 최대치로 끌어낼 수 있다. 능력과 인격이 같이 갈 수 없다는 것은 반쪽짜리 능력자들의 주장이다. 진짜는 둘 다 갖고 있다.

#능력 #착함 #리더십

2015년 | 감독 대니 보일 | 각본 아론 소킨 | 주연 마이클 파스벤더

> 누구도 완전하진 않아요.
>
> _뜨거운 것이 좋아(Some like it hot)

세상에 완전한 사람은 없다. 이 당연한 말이 영화 역사상 가장 위대한 코미디 영화를 종결짓는 마지막 대사가 된다. 이건 상대방의 모든 결점을 알고도 받아들이는 관용의 표현이자, 영화 전체를 유쾌하게 마무리하는 철학적 유머다. 살아남기 위해 여장을 한 제리를 백만장자 노인이 사랑한다. 마지막 장면에서 제리는 킬러들을 피해서 노인의 쾌속정에 올라타고 바다 위를 달린다. 그는 요트를 운전하고 있는, 이 착한 노인을 더 이상 속일 수 없어 모든 것을 고백하고, 자신을 향한 사랑을 단념시키려 한다. "난 금발이 아니에요." "괜찮아요." "난 담배를 피워요." "상관없어요." "3년이나 다른 남자와 살았어요." "용서할게요." "난 아이를 가질 수 없다구요." "입양하면 돼요." 제리는 마지막 진실을 말할 수밖에 없다. "난 남자라구요." 이때 노인이 말한다. "누구도 완전하진 않아요." 요트는 바다를 계속 달리고 노인은 방금 한 자신이 한 말의 진정한 의미를 아는지 모르는지 태연한 표정으로 바다만 바라본다. 관객의 예상을 뒤집는 간명함, 사랑하는 여자가 남자라는 사실까지도 포용한다는 역설, 심지어 행복한 미래까지 예상하게 만드는 낙관에 가득 찬 노인의 천연덕스러운 표정이 영화사상 가장 완벽한 엔딩이라는 평가에 부족함이 없다.

#완전 #관용

●
1959년 | 감독 빌리 와일더 | 각본 I.A.L. 다이아몬드, 빌리 와일더 | 주연 마릴린 먼로, 토니 커티스, 잭 레먼

> 너는 야망이 있어. 그게 널 두렵게 할 거야.
>
> _컴플리트 언노운(A Complete Unknown)

나는 나의 야망이 두렵다. 도저히 포기할 수 없기 때문이고, 그 야망을 실현하는 길에 희생될 내 다른 것들 때문이다. 성공을 갈망하지만, 성공 때문에 사라질 것들이 두렵다. 두렵다고 포기할 수도 없어서 더욱 두렵다. 주인공 밥 딜런은 세상의 기대와 자신의 음악적 꿈 사이에서 고민한다. 음악적 변화가 현재의 팬들을 떠나가게 할까 두렵고, 변화하지 않으면 미래의 팬들을 실망시킬까 두렵다. 명성을 갈망하지만, 그 명성이 자신의 음악적 순수성을 파괴할까도 두렵다. 우리는 자신의 꿈이 두렵다. 삶은 그래서 불안하다.

#야망 #성공 #희생

2024년 | 감독 제임스 맨골드 | 각본 제임스 맨골드, 제이 콕스 | 주연 티모시 샬라메

> 밝은 하늘에서 물방울이 떨어진다.
> 머릿결처럼 떨어진다.
> 어린 소녀의 어깨를 가로지르며 떨어진다.
> 물방울이 떨어진다.
> 아스팔트에 웅덩이를 만든다.
> 더러운 거울 같다.
> 구름과 빌딩이 그 속에 있다.
> 우리 집의 지붕에도 떨어지고, 엄마 위에도, 내 머릿결에도 떨어진다.
> 많은 사람들은 그걸 비라고 부른다.
>
> _패터슨(Paterson)

시는 세상의 아름다움을 묘사하는 것이다. 시인의 눈에는 세상 모든 게 아름답다. 영화 속 소녀 시인은 어느 날 비 오는 모습을 이렇게 묘사했다. 시는 이미지를 다룬다. 그래서 영화와 어울린다. 섬세한 관찰과 그것을 언어로 옮기는 작업. 그것이 시를 쓰는 일이다.

#시 #아름다움 #관찰

2016년 | 감독, 각본 짐 자무쉬 | 주연 애덤 드라이버 | 작시 론 패젯

> 내가 사람을 한 명 더 죽일 때마다, 집에서 점점 더 멀어지는 기분이 들어.
>
> _라이언 일병 구하기(Saving Private Ryan)

집은 단순한 물리적 공간이 아니다. 안정과 평화, 사랑과 정체성을 상징한다. 전쟁 속에서 어쩔 수 없이 적을 죽였더라도, 그 행위가 살인이라는 사실은 변하지 않는다. 그것은 집이라는 공간에서 누려왔던 사랑과 자기 정체성이 부정되는 것을 의미한다. 전쟁이 끝나고 아무렇지도 않게 집으로 돌아가도 그 사람은 이전과 같은 사람일 수는 없다. 수많은 사람을 죽이고 돌아온 고향 역시 전과 같은 고향이 아니다. 전쟁은 이렇게 사람의 내면을 철저히 파괴한다. 아무리 정당해도 전쟁도 죄악이다.

#집 #전쟁 #정체성

1998년 | 감독 스티븐 스필버그 | 각본 로버트 로댓 | 주연 톰 행크스

> 당신은 내 친구입니다. 당신과 함께 있으면, 난 한 명의 어린 아이가 됩니다.
>
> _티벳에서의 7년(SEVEN YEARS IN TIBET)

친구란 당신이 당신 자신일 수 있도록 완전한 자유를 주는 사람이다. 진정한 우정은 구속이 아니라 해방이다. 친구를 있는 그대로 존중하면 그 우정은 강요가 아니라 자유가 된다. 친구의 결점, 고집, 슬픔, 기쁨까지 다 품어주는 사람이 진정한 친구다. 친구는 함께 시간을 많이 보내는 사람도 아니고, 자주 연락을 하거나 같이 노는 사람도 아니다. 같이 있기 위해서 말을 조심하거나 자신을 꾸미지 않아도 되는 관계, 그것이 우정의 본질이다. 그런 관계는 우리를 치유한다. 일이나 다른 관계 속의 수많은 위장과 가식 속에서 받은 상처가 이런 친구와의 관계 속에서 치유된다. 우리가 흔히 "만나면 그냥 편해"라고 말하는 사람이 있다면 바로 그 사람이 자신을 위장하지 않아도 되는 진정한 친구다.

#우정 #해방 #자유

1997년 | 감독 장 자크 아노 | 각본 베키 존스톤, 하인리히 하러 | 주연 브래드 피트

> 내 진짜 장애는 휠체어에 앉아 있는 게 아냐. 그녀 없이 살아야 한다는 사실이지.
>
> _언터처블: 1%의 우정(Intouchables)

육체적 장애는 불편하고 힘들지만, 더 힘든 건 마음의 장애다. 사랑하는 사람을 잃는 것은 마음속에 쉽게 치유되지 않는 장애를 남긴다. 육체적 장애는 도움과 배려를 받지만, 마음속의 상처는 보이지 않아 배려받지 못한다. 내면의 상처까지 함께 나누는 관계가 1%에 속하는 진짜 우정을 만든다.

#장애 #우정

- 2011년 | 감독, 각본 올리비에 나카셰, 에릭 톨레다노 | 주연 프랑소아 클뤼제, 오마르 시

> 인간의 경험에 새로운 것은 없습니다. 세대마다 자기들이 방탕함이나 고통, 반항을 처음 발명했다고 생각하지만, 역겨운 것부터 고귀한 것까지 인간의 모든 충동과 욕망은 바로 이곳 도서관, 당신의 주변 어느 역사책에나 나와 있어요. 그러니 무언가를 지루하거나 쓸모없다고 치부하기 전에 기억하세요. 당신이 정말로 현재와 자신을 이해하고 싶다면 반드시 과거에서부터 시작해야 합니다. 역사는 단순히 과거에 대한 학문이 아닙니다. 그것은 현재에 대한 설명입니다.
>
> _바튼 아카데미(The Holdovers)

인간의 역사는 반복된다. 지금의 젊은 세대가 처음이라 생각하는 반항과, 유행, 방탕함과 고민마저 사실은 다 역사에서 무수히 반복되어 온 것이다. 피라미드를 짓던 몇천 년 전에도 사람들은 젊은이들의 방탕함과 버릇없음을 개탄했다. 역사를 공부하는 것은 박제된 과거 속에서 현재에 대한 해답을 얻는 길

이다. 미래는 아직 오지 않았지만, 역사에는 모든 행동의 결과가 이미 나와 있다. 그래서 역사는 과거와 현재의 대화다. 지금 대학 입시와 연애와 친구 관계를 고민하는 나의 문제조차 역사 속에서 발견하고 연구할 수 있다. 그러니 지루할 틈이 있겠는가?

#역사 #반복 #해답

2023년 | 감독 알렉산더 페인 | 각본 데이빗 헤밍슨 | 주연 폴 지아마티

조계종출판사 SNS
인스타그램

페이스북

하루 한 컷
내 인생 위로하는
영화 대사 필사

초판 1쇄 인쇄 2025년 7월 11일
초판 1쇄 발행 2025년 7월 18일

지은이　　육상효
발행인　　원명

대표　　　남배현
본부장　　모지희
편집　　　박병익 김옥자 손소전
디자인　　정면
경영지원　허선아

펴낸곳　　모과나무
주소　　　서울시 종로구 삼봉로 81 두산위브파빌리온 1308호
전화　　　02-720-6107
전송　　　02-733-6708
이메일　　jogyebooks@naver.com
등록　　　2006년 12월 18일 (제2009-000166호)
구입문의　불교전문서점 향전(www.jbbook.co.kr) 02-2031-2070

ISBN 979-11-87280-63-7 03800

· 책값은 뒤표지에 있습니다.
· 저작자의 허락 없이 일부 또는 전부를 복제·복사하거나 내용을 변형하여 사용하는 것을 금합니다.
· 이 책의 내용 전부 또는 일부를 사용하려면 반드시 저자와 출판사의 서면 동의를 받아야 합니다.

모과나무는 (주)조계종출판사의 단행본 브랜드입니다.
지혜의 향기로 마음과 마음을 잇습니다.